JN023798

[タイ語早見表] これを知れば会話が広がる！

主語　　　　　　　　　　＋　Ⓐ　　　　　　＋　動詞

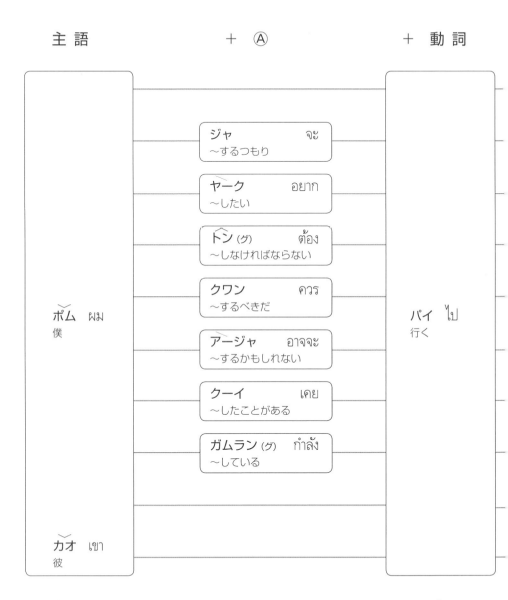

ジャ　　　จะ
〜するつもり

ヤーク　　อยาก
〜したい

トン (グ)　ต้อง
〜しなければならない

クワン　　ควร
〜するべきだ

アージャ　อาจจะ
〜するかもしれない

クーイ　　เคย
〜したことがある

ガムラン (グ)　กำลัง
〜している

ポム　ผม
僕

カオ　เขา
彼

パイ　ไป
行く

主語　　　　　　　　　　　　　　　　　　　　＋　動詞

タイ語の組み合わせは基本的に、[主語＋動詞（形容詞）]という順番。
それに⒜を組み合わせると、いろいろな表現ができる。

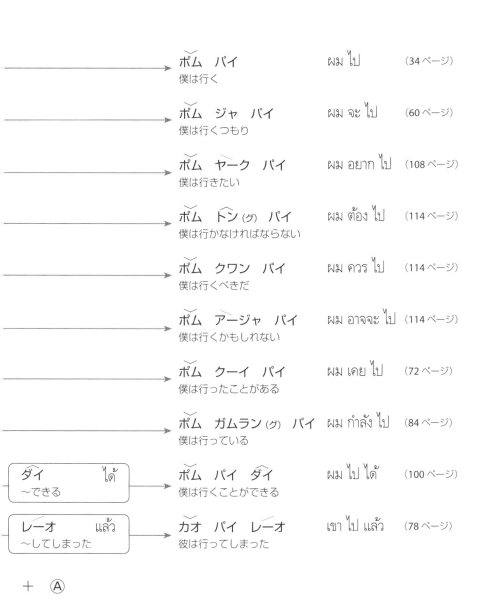

ポム　パイ　　　　　　　　　　ผม ไป　　　　　　（34 ページ）
僕は行く

ポム　ジャ　パイ　　　　　　　ผม จะ ไป　　　　　（60 ページ）
僕は行くつもり

ポム　ヤーク　パイ　　　　　　ผม อยาก ไป　　　　（108 ページ）
僕は行きたい

ポム　トン (グ)　パイ　　　　ผม ต้อง ไป　　　　（114 ページ）
僕は行かなければならない

ポム　クワン　パイ　　　　　　ผม ควร ไป　　　　（114 ページ）
僕は行くべきだ

ポム　アージャ　パイ　　　　　ผม อาจจะ ไป　　（114 ページ）
僕は行くかもしれない

ポム　クーイ　パイ　　　　　　ผม เคย ไป　　　　（72 ページ）
僕は行ったことがある

ポム　ガムラン (グ)　パイ　　ผม กำลัง ไป　　　（84 ページ）
僕は行っている

ダイ　　　　ได้　　　　　　ポム　パイ　ダイ　　　　ผม ไป ได้　　　　（100 ページ）
〜できる　　　　　　　　　　僕は行くことができる

レーオ　　　แล้ว　　　　　カオ　パイ　レーオ　　　เขา ไป แล้ว　　（78 ページ）
〜してしまった　　　　　　　彼は行ってしまった

＋　　⒜

今日から
タイ語！［新版］

岡本麻里 著
Mari OKAMOTO

白水社

装丁：白畠かおり

イラスト・校正：スットプラータナー・ドゥアンケーオ

音声吹込：シラス・オンサクル

テシット・トリトラカーン

まえがき

　「タイ語を少しでもいいから話してみたい！」そう思っている人に向けて作った本です。タイ語の初歩の初歩で、タイ語がはじめての人にも親しみやすくカタカナ表記にしてあります。また、各章にマンガを掲載しているので、実際にタイ語がどうやって使われているかイメージしながら楽しく学んでください。

　タイへ旅行や仕事で行く人はもちろん、来日したタイ人旅行者と話す機会がある人も増えているのではないでしょうか。タイ人はとても気さくで親切なので、一度知り合うとあっという間に仲良くなれます。最初は笑顔とジェスチャー、会話帳を指さしてコミュニケーションをとっていても、親しくなればなるほど「もっと話せたらな」という気持ちがわいてくるのではないでしょうか。

　そんな時に最初の１冊として手に取ってもらいたいのがこの本です。旅の会話帳より上、本格的に勉強する文法書よりずっとやさしいレベルで、基本の文を応用して会話を広げていきたい人に適しています。

　タイ語は想像以上にやさしい言葉です 。まずは「話したい！」と思った気持ちを大切に始めてみてください。もちろん、正確に話すためには学習と実践が必要ですが、タイ語は覚えやすい言語です。文のつくりは「僕　行く　バンコク」と単語を並べるだけで、動詞の活用がありません。単語１つ１つも短いものが多く、基本の作りを習得すれば簡単なタイ語を話せるようになるでしょう。

　基本のタイ語の仕組みを覚えたら、音声を繰り返し聞いて発音を覚えてください。あとは間違いを恐れずにどんどん声に出すのが上達の近道。少々違った発音や文法でも、タイ人は持ち前の優しさで一生懸命聞いてくれます。たとえ片言だとしても「タイ語が話せるんだ！」と喜んでくれるし、「上手だね」と誉めてくれます。ぜひ笑顔で話してみてください。

　本書を執筆するにあたり、イラストと校正を担当してくれたスットプラータナー・ドゥアンケーオさんにお礼を申し上げます。タイ人の視点で描かれたかわいらしいマンガを楽しんでください。この本がタイ語を話すきっかけづくりになり、タイ人との交流が深まればとても嬉しく思います。

2023 年 5 月　岡本麻里

目　次

4

本書の使い方

　この本の目的は、「少しでもいいからタイ語を話してみよう！」です。カタカナ表記にしてあるので、正確な発音は音声を聞いて耳を慣らしてください。

　カタカナの下には単語の訳を書いてあります。1つ1つの意味を知ることで、様々な文に応用できるようになっています。

　本書の例文は覚えやすいように簡単なものを載せています。実際にタイを旅行したり、タイで暮らしたりすると例外も出てきますが、まずは基本の形を覚えてください。そして少しずつ単語を増やして会話を広げていきましょう。

　反復しながら覚えられるよう同じ単語が何度も出てきます。練習問題は前の章で習ったことも入っていますので、繰り返しながら身につけてください。

　タイ文字も併記してあるので、本格的に勉強することになったら参考にしてください。タイ人の友達や旅先で出会った人にタイ語を見せて発音してもらっても、会話のきっかけになって楽しいでしょう。

❖ 発音表記

　カタカナの上に「　⌒　」「　⌣　」「　⌐　」「　／　」がついているので、抑揚をつけて発音しましょう。ついていないものは平らに発音します。（158 ページ参照）

例　エミ　ギン　カーオ　ガップ　プアン　（エミは友達とご飯を食べる）
　エミ　食べる　ご飯　～と　友達
　เอมิ　กิน　ข้าว　กับ　เพื่อน

เอมิกินข้าวกับเพื่อน

　↑タイ語は日本語と同じくつなげて書きますが、本書ではわかりやすく分けて記載。

タイ語は単語の語尾をはっきり音に出さないものがある。語尾が「ト」「ク」「プ」で終わっているものは、口の形は作るけど、息を止めて音を出さない。(158ページ参照)
例　ガップ→ガッ（プ）
　　トック→トッ（ク）

マンクット君
例外や例文など細かい説明をする。
「マンクット」は「マンゴスチン」という意味。

❖ 「カ」と「クラップ」

　タイ語の会話では、文の最後に「カ」（女性）と「クラップ」（男性）をつけます。本書では「カ」を「(k)」、「クラップ」を「(kp)」と表記するので、女性なら「カ」、男性なら「クラップ」と発音しましょう。（12 ページ参照）

リアン　アライ (kp)
勉強する　何
เรียน　อะไร (ครับ)

何を勉強するの？

リアン　パーサー・タイ (k)
勉強する　タイ語
เรียน　ภาษาไทย (ค่ะ)

タイ語を勉強する。

❖ 本書のポイント

応用　このマークがある箇所は、最初はさっと目を通すだけでも構いません。基本の形が身についたら、戻ってきてもう一度読んでください。タイ人の会話にさらに一歩近づけます。

もっとタイ語　タイ語を話すうえで便利な情報。タイ語の基本が話せるようになったら、「もっとタイ語」をマスターして会話をふくらませてください。

練習　各章には練習問題があります。音声では女性と男性にわけて「カ」「クラップ」をつけていますが、自分の性別に合わせて文末を変えて練習してください。

❖ 登場人物

太郎
ทาโร่
日本人
23 歳
留学生
タイ料理が大好き

メーオ
แมว
タイ人
23 歳
タイ語教師
ガイと同じ大学を卒業

ガイ
ไก่
タイ人
24 歳
ガイド
年上なので「ピー・ガイ」（ガイ兄）と呼ばれている

さくら
ซากุระ
日本人
23 歳
留学生
太郎と同じクラスで勉強中

＊「メーオ」は日本語で「猫」、「ガイ」は「鶏」という意味。動物の名前をニックネームにしているタイ人も多い。

タイ語はとても簡単

サワッディー カー

サワッディー クラップ

1

タイ語は難しいと思われがちだけど、短い単語を並べれば会話ができるので想像以上に簡単！ 動詞や形容詞が変化しないので、単語を覚えれば覚えるほど会話が広がるよ。

2

「私・食べる・ご飯」と並べるだけで、「私はご飯を食べます」となる。「が、は、を」はない。文のつくりは英語に似ている。

チャン ＋ ギン ＋ カーオ
私　　　　食べる　　ご飯
私はご飯を食べる

ポム ＋ パイ ＋ イープン
僕　　　行く　　日本
僕は日本へ行く

3

単語が組み合わさっている言葉が多いので、1つ1つの単語の意味を知ると覚えやすい。

魚醬 น้ำปลา
ナーム ブラー
水　　魚

焼き鳥 ไก่ย่าง
ガイ ヤーン（ゲ）
鶏　　焼く

4

また、「外来語」をタイ語発音で使うことがある。タイ語かな？ と思うと、英語だった、ということも。

タイ語は簡単。
まずは声に
出してみよう！

それはシーリア（ス）だね

僕はとってもハッピーだ

5

発音は耳で慣れよう

ขี่หมา
犬に乗る???

キー　マー

犬の糞!?
ขี้หมา

ขี่ม้า
馬に乗る???

キー　マー
馬の糞!?
ขี้ม้า

*「キー」は発音によって「乗る」、「糞」になる。
「マー」は発音によって「犬」「馬」「来る」になる。**1**

タイ語の発音には5種類の高低があるから、なるべく正確な発音を心がけよう。日本語で「酒・鮭」、「柿が好き」「牡蠣が好き」では意味が変わるのと同じだ。

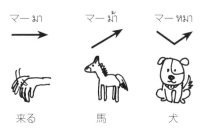

マー　ม่า　　　　マー　ม้า　　　　マー　หมา

来る　　　　　　馬　　　　　　　犬　　　　　　**2**

日本語にない発音もいくつかある。カタカナで「ウ」と書いても、口を突き出した「ウ」や、タイ独特の口を横に引っ張って発音する「ウ」など、発音の仕方が何通りもある。

อุ
ウ

อื
ウ

3

本書はカタカナ表記にしているが、上記のように発音で意味が変わってしまうこともある。発音の目安になる記号を併記しているので参考にし、正確な発音は音声で覚えよう。

エミ　ギン　カーオ　ガップ　プアン
エミ　食べる　ご飯　〜と　友達
เอมิ　กิน　ข้าว　กับ　เพื่อน

エミは友達とご飯を食べる

4

　時には、少し発音を間違えても、全体の文章から意味をくみ取れることも多いので、恥ずかしがらずにどんどん口に出してみよう。
　タイ人は本当にほめ上手。少しでもタイ語を話すと喜んでくれるし、「うまいね！」とほめてくれるよ。

サワッディー　カ
チュー　サクラ　カ
（こんにちは。
名前はさくらです）

わー、タイ語が話せるんだ。
ゲン(ｸﾞ)マーク
（すごい上手だね！）

5

タイ語の基本はこの２つ

　本書ではタイ語を大まかに以下の２つのパターンに分けています。これを基本にして、違う単語を組み合わせて文を作っていきます。

１

| ①A　＋　ペン　＋　名詞 |
| ②ニー
　ナン　　名詞
　ノーン |

①Aは〈名詞〉です

②これ
　それ　は〈名詞〉です
　あれ

　　例：① 僕は日本人です
　　　　② それは本です

→ 17ページ

２

| A　＋　① **動詞**
　　　② **形容詞** |

①Aは〜します
②Aは〈形容詞〉です

　　例：① エミはタイへ行きます
　　　　② タイ料理はおいしいです

→ 33ページ

＊本書では、「〜ができる！」「〜したい！」「〜すべき」「〜かもしれない」なども**２**のパターンに入れています。

タイ語の並び方は「私 食べる カレー」

● タイ語は［主語＋動詞］［主語＋形容詞］という並び方。
●「を」「が」「は」などの助詞はありません。

［日本語］　僕はタイ語を話します
［タイ語］　僕　話す　タイ語

［日本語］　私はカレーを食べます
［タイ語］　私　食べる　カレー

［日本語］　彼女は美しい
［タイ語］　彼女　美しい

> このようにタイ語は単語を並べて話す。
> だから単語の数を増やせば増やすほど
> タイ語が上達する。

10

タイ語は言葉の連想ゲーム

　　タイ語は単語を組み合わせて別の単語になっていることが多いので、下記のように連想すると意味が想像しやすくなります。

「ナームケン(グ)」ってな〜んだ？

正解！

「ナーム」は水、「ケン(グ)」は硬いでしょ？
硬い水、水が硬い……、
あっ、もしかして「氷」のこと？

น้ำแข็ง

例えば……「ナーム」がつく単語

　　「ナーム」は水という意味。「ナーム」がつく単語だけでも、こんなにあります（これでもまだ一部）。意味を関連付けると一気にたくさんの単語を覚えられます。

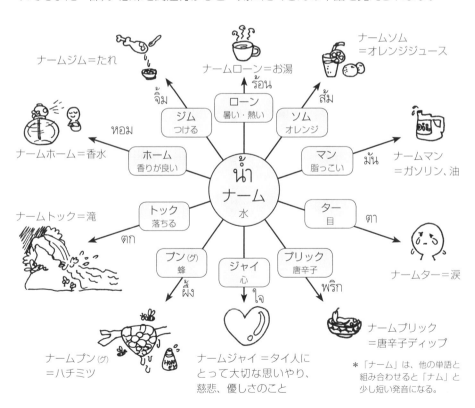

ナームジム＝たれ

ナームローン＝お湯

ナームソム
＝オレンジジュース

ナームホーム＝香水

ナームトック＝滝

ナームマン
＝ガソリン、油

ナームター＝涙

ナームプン(グ)
＝ハチミツ

ナームジャイ ＝タイ人にとって大切な思いやり、慈悲、優しさのこと

ナームプリック
＝唐辛子ディップ

ジム
つける

ローン
暑い・熱い

ソム
オレンジ

ホーム
香りが良い

マン
脂っこい

トック
落ちる

น้ำ
ナーム
水

ター
目

プン(グ)
蜂

ジャイ
心

プリック
唐辛子

＊「ナーム」は、他の単語と組み合わせると「ナム」と少し短い発音になる。

女性の「カ」と男性の「クラップ」

まずは何にでもつけてみよう

　タイ語を話す時に覚えておきたいのが、「カ」と「クラップ」。あなたが女性なら文の最後に「カ」、男性なら「クラップ」をつけます。話す度につけると覚えておきましょう。例えば、こんな感じになります。

◎女性
「ありがとう・カ」
「はじめまして・カ。私はエミです・カ。あなたのお名前は何ですか・カ？」

◎男性
「僕はチェンマイ大学の2年生です・クラップ」
「サッカーが大好きで放課後に友達と練習をしています・クラップ」

　日本語の部分はもちろんタイ語になりますが、このように文の最後に入れます。実際の会話では、すべての文につける必要はありませんが、慣れるまではつけておきましょう。「カ」が「カー」に、「クラップ」が「カップ」になることもあります。「クラップ」（khrap）の「ラ」は「r」の発音、「プ」は音に出さず、「クラッ」と言った後、口を閉じます。
　なぜ「カ」と「クラップ」をつけるかというと、丁寧になるからです。例えば、つけないと、「これはおいしい」とくだけた印象になりますが、つけると「これはおいしいです」となります。親しくなれば、同年代や後輩には常につけなくてもいいでしょう。逆にあまりつけると、いつも「です・ます」調で話しているようで堅苦しくなります。とはいえ、最初のうちは、「カ」と「クラップ」をつけておくほうが丁寧で印象もよくなります。

　本書では、女性の「カ」を「(k)」、男性の「クラップ」を「(kp)」と表記しています。女性の「カ」は普通の文では「カ」、疑問文では「カ」と少し発音が変わります。

【雑学】文末のいろいろ、カ・クラップ・ジャ・ハ・ワ

　タイ人の会話をよく聞くと、「カ」と「クラップ」以外にも文末に違う言葉を使っているのに気づきます。例えば、小さい子に向かって話す時に「ジャ」จ๊ะ と言ったり、若い男性が年上の人と話す時に少し鼻にかけて「ハ」ฮะ と言うこともあります（男っぽい女性が使うことも）。

　男性がかっこよく、もしくは少し悪っぽく「ワ」วะ／ว่ะ とつける場合もありますが、ぞんざいな表現になるので、外国人は使わないほうがいいでしょう。

　文末を聞きわけられるようになると、話し手の人柄が見えてくるので面白いです。

おまえ放課後どこへ行くんだ・ワ？

サワッディー・ジャ
名前はなんていうの・ジャ？

映画でも観に行こうぜ

荷物をお持ちしましょう・ハ

サワッディー・チャーオ
ようこそチェンマイへ・チャーオ

タイ北部では、女性は文末に「カ」をつける代わりに、
「チャーオ（ジャーオ）」เจ้า と言う。優しくのんび〜り
言うと北部の女性らしく聞こえる。

13

まずは「サワッディー」から

◀002

1

サワッディー (k)
こんにちは
สวัสดี (ค่ะ)

サワッディー (kp)
こんにちは
สวัสดี (ครับ)

こんにちは。

こんにちは。

2

チャン チュー メーオ (k)
私 名前 メーオ
ฉัน ชื่อ แมว (ค่ะ)

私はメーオといいます。

ポム チュー タロー (kp)
僕 名前 太郎
ผม ชื่อ ทาโร่ (ครับ)

僕は太郎です。

3

インディー ティー ダイ ルーチャック (k)
嬉しい ～して 機会を得る 知り合う
ยินดี ที่ ได้ รู้จัก (ค่ะ)

お会いできて嬉しいです。

チェン ガン (kp)
同様に、こちらこそ
เช่น กัน (ครับ)

こちらこそ。

4

ポップ ガン マイ (k)
会う 互いに 新しい・また
พบ กัน ใหม่ (ค่ะ)

またお会いしましょう。

チョーク ディー ナ (kp)
運 良い ね
โชค ดี นะ (ครับ)

グッドラック（元気で）。

■サワッディー สวัสดี こんにちは ■チャン ฉัน 私 ■チュー ชื่อ 名前・～と呼ぶ ■ポム ผม 僕 ■インディー ยินดี 嬉しい ■ティー ที่ ～して ■ダイ ได้ 機会を得る ■ルーチャック รู้จัก 知る・知り合う ■チェンガン เช่น กัน 同様に、こちらこそ ■ポップ พบ 会う ■ガン กัน 互いに・一緒に ■マイ ใหม่ 新しい ■チョーク โชค 運 ■ディー ดี 良い ■ナ นะ ね（文末につける。日本語の「～ね」のような感じで使う）

❖ **基本の表現で会話を始める**

サワッディー
สวัสดี

すべてこれでOK！
おはよう、こんにちは、
こんばんは、さようなら

目上の人には、
「ワイ」（合掌）をして挨拶。

❖ **知っておきたい言葉**

友人同士だと「グットナイト」や「バーイバーイ」といった外来語を使うことも。文末に「カ／クラップ」をつけて「グットナイト　カ」「バーイバーイ　クラップ」と言うのがタイっぽい。

ありがとう
コープ　クン
ขอบ　คุณ

どうもありがとう
コープ　クン　マーク
ขอบ　คุณ　มาก

すみません
ごめんなさい
コー　トート
ขอ　โทษ

どういたしまして
気にしないで
マイ　ペン　ライ
ไม่　เป็น　ไร

文末に「ナ」をつけるとやわらかい表現になる。
例：コープ　クン　ナ（カ／クラップ）
　　（ありがとうね）

❖ **発音のコツ**

チュー
ชื่อ

「A＋チュー～」
＝「Aは～という名前です」

「名前」の「チュー」は、日本語の「い」のように、口を横に開いて発音する。

■マーク มาก とても

「元気？」のいろいろな表現　◀004

お元気ですか？
サバーイ　ディー　マイ
สบาย　ดี　ไหม

元気です
サバーイ　ディー
สบาย　ดี

もうご飯を食べましたか？
ギン　カーオ　レーオ　ルーヤン（グ）
กิน　ข้าว　แล้ว　หรือ ยัง
→78ページ

久しぶり（しばらく会っていないですね）
マイ　ダイ　ジュー　タン（グ）ナーン
ไม่　ได้　เจอ　ตั้ง　นาน

どこへ行くの？
（ジャ）パイ　ナイ
(จะ)　ไป　ไหน
→60ページ

どこへ行ってきたの？
パイ　ナイ　マー
ไป　ไหน　มา
→68ページ

どうしましたか？
ペン　アライ　ルー プラオ
เป็น　อะไร　หรือ เปล่า

いかがですか？（どうですか？）
ペン　ヤン（グ）ンガイ（バーン（グ））
เป็น　ยังไง　　　(บ้าง)

「最近どう？」「タイの滞在はどう？」
「タイ料理はどう？」などと聞く時に便利。

【雑学】本当は、「元気？」はあまり使わない

　「元気？」という挨拶は、実はタイではあまり使いません。「サワッディー」も年配の人に対しては使いますが、友達同士ではあまり言いません。日本で友達に「こんにちは」と言わないのと同じような感覚です。
　ではタイ人はなんと挨拶をするのでしょうか？　普段会っている人なら、だいたい上記の「ご飯を食べた？」「どこへ行くの？（行ってきたの？）」というフレーズをよく使います。親しくなったタイ人には、上記のフレーズを使うと、タイ人らしい会話になりますよ。

■サバーイ สบาย 気持ちいい・楽な　■ヤン（グ）ンガイ（会話）ยังไง どのように　■ギン กิน 食べる　■ジューเจอ会う　■ナーンนานต 長い間　■ナイไหนどこ　■マーมา来る　■アライ อะไร 何

タイ語の基本パターン❶

① 　A　　は〈名詞〉です

② これ
　それ ┐ は〈名詞〉です
　あれ ┘

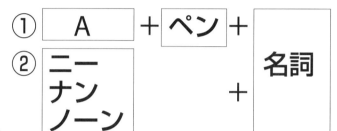

① ┌──────┐ ┌────┐ ┌──────┐
　│　A　　│ ＋ │ペン│ ＋ │
　└──────┘ └────┘ │名詞
② ┌──────┐ 　　　　　＋ │
　│ニー　│ 　　　　　　　│
　│ナン　│ 　　　　　　　└──────┘
　│ノーン│
　└──────┘

例：エミは大学生です
　　僕は日本人です
　　それは本です

私は日本人です

เป็น [Aは〈名詞〉だ]

「私は教師です」「日本人です」と自己紹介する時に便利な表現

チャン　ペン　コン・タイ (k)
私　　　　　　タイ人
ฉัน　　เป็น　คนไทย　　(ค่ะ)

クン　タロー　ペン　コン・イープン　ループラオ (k)
〜さん　太郎　　　　日本人
คุณ　ทาโร่　เป็น　คนญี่ปุ่น　　หรือเปล่า (คะ)

私はタイ人です。
太郎さんは日本人ですか？

1

チャイ (kp)
はい
ใช่　(ครับ)

そうです。

2

クン　タロー　ペン　クルー　ループラオ (k)
〜さん　太郎　　　　先生
คุณ　ทาโร่　เป็น　ครู　หรือเปล่า (คะ)

太郎さんは先生ですか？

マイ　チャイ (kp)
いいえ
ไม่　ใช่　(ครับ)

(ボム)　ペン　ナック・スクサー (kp)
(僕)　　　　大学生
(ผม)　เป็น　นักศึกษา　　(ครับ)

いいえ。
僕は大学生です。

＊誰のことを話しているかわかる時は、（　）の主語を省いていい。（27ページ参照）

3

■コン คน 人　■タイ ไทย タイ　■コン・タイ คนไทย タイ人（コン＋国籍＝〜人）　■クン
คุณ あなた／〜さん（初対面の人には［クン＋名前］を使う）　■イープン ญี่ปุ่น 日本　■コン・
イープン คนญี่ปุ่น 日本人　■クルー ครู 先生　■ナック・スクサー นักศึกษา 大学生

基本 「Aは〈名詞〉です」

A ＋ ペン ＋ 名詞 職業・性別・地位など

「Aは〈名詞〉だ」という文は「A ペン〈名詞〉」เป็น といいます。〈名詞〉に入るのは、**職業**、**性別**、**国籍**、**性格**、**性質**、**続柄**などです。

エミは大学生です

◀006

エミ	ペン	ナック・スクサー
エミ		大学生
เอมิ	เป็น	นักศึกษา

僕は日本人です

ポム	ペン	コン・イープン
僕		日本人
ผม	เป็น	คนญี่ปุ่น

チェンマイは古都です

チェン(グ)マイ	ペン	ムアン(グ) ガオ
		古都
เชียงใหม่	เป็น	เมือง เก่า

■チェン(グ)マイ เชียงใหม่ チェンマイ（タイ第二の都市）　■ムアン(グ) ガオ เมือง เก่า 古都
（ムアン(グ)＝街・都市、ガオ＝古い）

「Aは〈名詞〉ですか？」

A	ペン	名詞	+	ルー╱プラオ

文末に「ルー╱プラオ」หรือเปล่า をつけます。

◀007

エミは大学生ですか？

エミ	ペン	ナック・スクサー	ルー╱プラオ
エミ		大学生	
เอมิ	เป็น	นักศึกษา	หรือเปล่า

答え

はい	いいえ
チャ╱イ	マ╱イ チャ╱イ
ใช่	ไม่ ใช่

「カ」「クラップ」だけでもいい

応用

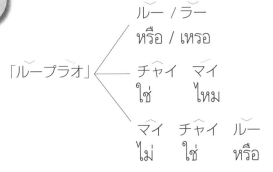

```
              ルー / ラー
              หรือ / เหรอ
             /
「ルー╱プラオ」──  チャ╱イ  マ╱イ
             \  ใช่     ไหม
              \
               マ╱イ  チャ╱イ  ルー╱
               ไม่    ใช่     หรือ
```

「ルー╱プラオ」の他に
左の3つも使える。
（50ページ参照）

20

「Aは〈名詞〉ではありません」

A + マイ チャイ + 名詞

「ペン」を取り、「マイ チャイ」ไม่ใช่にします。

エミは大学生ではありません

◀008

エミ	マイ チャイ	ナック・スクサー
エミ		大学生
เอมิ	ไม่ ใช่	นักศึกษา

僕は日本人ではありません

ポム	マイ チャイ	コン・イープン
僕		日本人
ผม	ไม่ ใช่	คนญี่ปุ่น

ポイント！

エミ	~~ペン~~	ナック・スクサー
エミ		大学生
เอมิ	~~เป็น~~	นักศึกษา

↓

マイ チャイ
ไม่ ใช่   「ペン」は必ず省く！

自分のことをタイ語で話してみよう！　◀009

自分が男性なら「クラップ」、女性なら「カ」を必ず文末につけましょう。
「私」は、男性は「ポム」、女性は「チャン」を使います。

① こんにちは。

② 私の名前は○○です。

③ お会いできて嬉しいです。

④ あなたは先生ですか？

⑤ はい、そうです。
　　あなたはタイ人ですか？

⑥ いいえ。私はタイ人ではありません。
　　私は日本人です。

⑦ 私は医師です。

① サワッディー　　② チャン〔ポム〕　チュー　　○○
③ インディー　ティー　ダイ　ルーチャック
④ クン　ペン　クルー　ループラオ？
⑤ チャイ ／ クン　ペン　コン・タイ　ループラオ？
⑥ マイ　チャイ ／ チャン〔ポム〕　マイ　チャイ　コン・タイ ／
　　チャン〔ポム〕　ペン　コン・イーブン　　⑦ チャン〔ポム〕　ペン　モー

❖ 発音のコツ
　　ループラオ ／ ルー
　　หรือเปล่า ／ หรือ

「ループラオ」や「ルー」の
「ルー」は、日本語の「い」
のように口を横に開いて発
音する。

───

■ モー หมอ 医師

単語リスト：職業いろいろ

先生 (幼～高)	クルー	ครู		会計士	ナック・バンチー	นักบัญชี
教師 （大）	アージャーン	อาจารย์		僧侶	プラッ	พระ
学生 (小～高)	ナック・リアン	นักเรียน		子供の僧	サーマネン	สามเณร
大学生	ナック・スクサー	นักศึกษา		司会者	ピティゴン	พิธีกร
公務員	ガーラーチャガーン	ข้าราชการ		運転手	コン・カップロット	คนขับรถ
医師	モー	หมอ		主婦	メーバーン	แม่บ้าน
看護師	パヤーバーン	พยาบาล		料理人 (男)	ポークルア	พ่อครัว
エンジニア	ウィサワゴン	วิศวกร		（女）	メークルア	แม่ครัว
ビジネスマン	ナック・トゥラキット	นักธุรกิจ		メイド	メーバーン	แม่บ้าน
従業員	パナックンガーン	พนักงาน		農民	チャオナー	ชาวนา
会社員	パナックンガーン・ボリサット	พนักงานบริษัท		漁師	チャオプラモン(ヶ)	ชาวประมง
				俳優	ダーラー	ดารา
社長	プラターン・ボリサット	ประธานบริษัท		モデル (女)	ナーン(ヶ)・ベープ	นางแบบ
				（男）	ナーイ・ベープ	นายแบบ
秘書	レカーヌガーン	เลขานุการ		ガイド	ガイ	ไกด์
マネジャー	プージャットガーン	ผู้จัดการ		ウェイター・ウェイトレス	パナックンガーン・サーフ	พนักงานเสิร์ฟ
編集者	バナーティガーン	บรรณาธิการ				
作家・ライター	ナック・キアン	นักเขียน		芸術家	シンラピン	ศิลปิน
記者	ナック・カーオ	นักข่าว		ボランティア	アサーサマック	อาสาสมัคร
警察官	タムルアット	ตำรวจ		歌手	ナック・ローン(ヶ)	นักร้อง
軍人・兵士	タハーン	ทหาร		写真家	チャン(ヶ)パープ	ช่างภาพ
弁護士	タナーイ	ทนาย		客室乗務員	エーホステス	แอร์โฮสเตส
建築家	サターパニック	สถาปนิก		占い師	モードゥー	หมอดู
デザイナー	ナック・オークベープ	นักออกแบบ		シャーマン	モーピー／	หมอผี／
通訳	ラーム	ล่าม			コンソン(ヶ)	คนทรง

＊「ナック＋○○」で職業になることが多い。
　　例： ナック＋ビン（飛ぶ）＝ナックビン（パイロット）
　　　　ナック＋トゥラキット（ビジネス）＝ナックトゥラキット（ビジネスマン）
　　　　ナック＋フットボン（サッカー）＝ナックフットボン（サッカー選手）

＊タイでは「会社員です」とはあまり言わず、具体的に何をしているか、どこで働いているか言う傾向にある。

❖ まずはこれで覚えよう！

　タイ語の「私」には立場に応じて様々な言い方がありますが、本書では女性を「チャン」、男性を「ポム」で統一しています。（26 ページ参照）

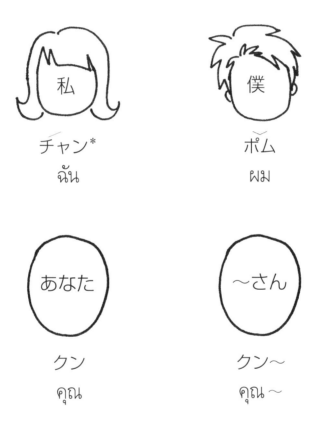

チャン*

ฉัน

ポム

ผม

あなた

คุณ

〜さん

คุณ〜

＊「チャン」の発音は「◡」だが、会話では「／」と発音するので、本書では「／」と表記。

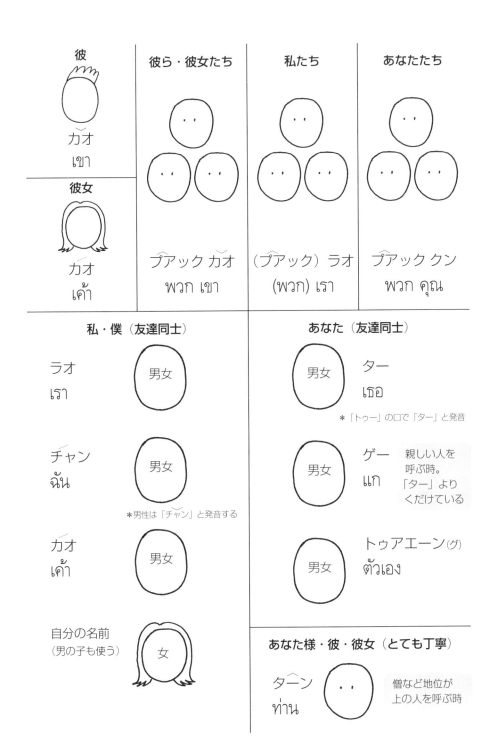

彼	彼ら・彼女たち	私たち	あなたたち
カオ เขา	プアック カオ พวก เขา	（プアック）ラオ （พวก）เรา	プアック クン พวก คุณ
彼女 カオ เค้า			

私・僕（友達同士）

	男女		あなた（友達同士）	
ラオ เรา	男女		男女	ター เธอ ＊「トゥー」の口で「ター」と発音
チャン ฉัน ＊男性は「チャン」と発音する	男女		男女	ゲー แก	親しい人を 呼ぶ時。 「ター」より くだけている
カオ เค้า	男女		男女	トゥアエーン(グ) ตัวเอง
自分の名前 （男の子も使う）	女			

あなた様・彼・彼女（とても丁寧）

ターン
ท่าน　僧など地位が
上の人を呼ぶ時

「私」と「あなた」はいっぱいある

❖「私」を何と言う？

　タイ語で「私」のことを男性は「クラポム กระผม」、女性は「ディチャン ดิฉัน」と言います。ただこれだと「わたくし」のように硬すぎるので、日常生活では男性は「ポム」を使います。女性はというと、話す相手によって呼び方が変わってきます。本書では「チャン」で統一しましたが、実際の生活では、友達同士だと自分のことを「ラオ เรา」と呼んだり、先生や親、年の離れた人と話す時は、若いほうがへりくだって「ヌー หนู」と言ったりすることもあります。

　また、自分の名前を使うのも一般的です。例えば、エミという人が、「エミは学生です」と自分の名前を言えば、「私は学生です」という意味になります。年上の人や友達には「チャン」ではなく、自分の名前を「私」の代わりに使うとタイ人らしい話し方になります。

❖ とっても便利な「ピー」と「ノーン(グ)」

　相手が同年齢でない場合は、「ピー พี่」と「ノーン(グ) น้อง」という言葉も便利です。「ピー」はお兄さん、お姉さん、先輩といった年上を表す言葉で、「ノーン(グ)」は弟、妹、後輩など年下をさす言葉です。話している相手が自分より年下だったら、男女とも自分のことを「ピー」と呼ぶことができます。例えば、「私はこれから図書館へ行く」の「私」を「ピー」にして、「ピーはこれから図書館へ行く」とします。

　また、日本語で一般のおばさんやおじさんを呼ぶ言葉があるように、タイでも「パー（おばさん）ป้า」「ルン(グ)（おじさん）ลุง」「ヤーイ（おばあさん）ยาย」「プー（おじいさん）ปู่」という言葉があります。自分が相手に対してそういう立場だったら、「パーが小さい時はね、よく縄跳びしたのよ」というように使うといいでしょう。

「ピー พี่」は、「やあ！」のように「ヘ」と発音する。「ピー ผี」「＼」と発音すると「おばけ・幽霊」になっちゃうよ。

ピーは市場へ行くけど、何か欲しいものはない？

ヌーはクッキーが食べたいな。

26

❖「あなた」と呼ぶ時

　「あなた」にも同じことが言えます。「あなた」はタイ語で「クン คุณ」と言いますが、親しくなればだいたい前述のように呼びます。例：「ノーン(グ)の名前は何ていうの？」「ルン(グ)（おじさん）はここで働いて何年ですか？」など。

　日本語の「〜さん」と呼ぶ時は、「クン 〜 คุณ」と言います。例えば、「ノイさん」だったら、「クン ノイ」。タイでは名字ではなく名前を使います。親しくなれば、年上なら「ピー ノイ」、日本語で「おばさん」と呼ぶ年代の人なら、「パー ノイ」と呼びます。タイ人のほとんどが本名以外にニックネームを持っているので、ニックネームで紹介されたら、それに「クン」や「ピー」などをつけて呼びましょう。同年代だったら、もちろん何もつけなくて構いません。どうしても分からない時は、相手に何と呼んだらいいか聞いてみましょう。

❖ 私のほうが若いはずだ！

　では、相手と自分のどちらが若いか分からない時はどうするか？　もうそれは勘です。相手が年上に見えたら「ピー」、年下だと思ったら「ノーン(グ)」と呼びましょう。自分のほうが若いと思っていたのに、相手に「ピー」と呼ばれることもあり、「私、この人より年上に見える？」とガックリすることもありますが、先に言ったもの勝ち……かも!?

　また、相手のことを「パー（おばさん）」や「ルン(グ)（おじさん）」と呼ぶより、「ピー（お姉さん・お兄さん）」と呼んだほうが喜ばれるのは日本と同じです。

❖ 主語は省くことが多い

　「私」と「あなた」についていろいろ紹介しましたが、会話では日本語と同じで主語を省くことが多くあります。「私は学生です。日本から来ました。辛いものが好きです」など、最初に誰のことかハッキリしていれば、その後は何度も言う必要はありません。本書でも自然な会話にするため、ところどころ主語を省いてあります。

「おばさん」の「パー」は「パ」と「バ」の中間ぐらいの音。「バー」と発音すると「ばか」という意味になってしまう。

「おじさん、おばあさん」などの前に「クン（あなた、〜さん）」をつけると、尊敬を表して丁寧になるよ。
例：「クンヤーイ」（おばあさん）

中国系タイ人だと、「ピー」ではなく、「ジェー เจ๊」（女）「ヒア เฮีย」（男）を使う。タイには中国系タイ人が多いので、よく耳にする言葉。

2 こちらは私の友達です ◀011

[これは〈名詞〉だ]

「これは本です」「それは何ですか?」といった表現

■ニー นี่ これ ■プアン เพื่อน 友達 ■Aコン(グ) B ของ BのA ■ゴ ก็〜も (主語+ゴ)
■ナン นั่น それ ■アライ อะไร 何 ■トゥリアン ทุเรียน ドリアン

28

「これ・それ・あれは〈名詞〉です」

ニー / ナン / ノーン + 名詞

「それは本です」「あれは学校です」など、「これ」「それ」「あれ」の文には、「ニー」「ナン」「ノーン」の後に名詞を続けます。

◀012

これはペンです

ニー	パッカー
これ	ペン
นี่	ปากกา

それは本です

ナン	ナン (グ) スー
それ	本
นั่น	หนังสือ

あれは学校です

ノーン	ローン (グ) リアン
あれ	学校
โน่น	โรงเรียน

> タイ語の「ノーン」は日本語の「あれ」よりずっと遠くを指す。日本語の「あれ」には一般的に「ナン」を使う。

■パッカー ปากกา ペン　■ナン (グ) スー หนังสือ 本　■ノーン โน่น あれ　■ローン (グ) リアン โรงเรียน 学校

「これ・それ・あれは〈名詞〉ですか？」

ニー/ナン/ノーン ＋ 名詞 ＋ ループラオ

文末に「ループラオ」หรือเปล่า をつけます。

それは本ですか？　　　　　　　　　　　　　　　　　◀013

ナン	ナン(グ)スー	ループラオ
それ	本	
นั่น	หนังสือ	หรือเปล่า

「ルー」「チャイ マイ」
「マイ チャイ ルー」
を使ってもいい。
（50 ページ参照）

答え

はい		いいえ
チャイ		マイ　チャイ
ใช่		ไม่　ใช่

「これ・それ・あれは〈名詞〉ではありません」

ニー/ナン/ノーン ＋ マイ チャイ ＋ 名詞

名詞の前に「マイ チャイ」ไม่ใช่ を入れます。

それは本ではありません　　　　　　　　　　　　　◀014

ナン	マイ チャイ	ナン(グ)スー
それ		本
นั่น	ไม่　ใช่	หนังสือ

30

「～の」という表現　[A＋コン(グ)＋B]　015

「私の友達」「僕のペン」と言う時は、「コン(グ)」ของ を使い、後ろから前に訳します。会話では省くことがほとんどです。

会話では「コン(グ)」を取る。
例：フェーン　ポム（僕の恋人）
　　パッカー　チャン（私のペン）

フェーン　コン(グ)　ポム　（僕の恋人）
恋人　～の　僕
แฟน　ของ　ผม

ニー　パッカー　コン(グ)　チャン　（これは私のペンです）
これ　ペン　～の　私
นี่　ปากกา　ของ　ฉัน

練習

これは何かな？　016

自分が男性なら「クラップ」、女性なら「カ」を必ず文末につけましょう。

① これはコーヒーですか？

② いいえ、違います。
これはコーヒーではありません。

③ お茶です。

④ それは何ですか？

⑤ それもお茶です。

① ニー　カーフェー　ループラオ？
② マイ　チャイ／ニー　マイ　チャイ　カーフェー
③ チャー　④ ナン　アライ？　⑤ ナン　ゴ　チャー

■フェーン แฟน 恋人　■カーフェー กาแฟ コーヒー　■チャー ชา お茶

1・2章のまとめ

基本 ① A ペン | 名詞 | Aは〈名詞〉です
② ニー
　 ナン
　 ノーン | 名詞 | これ
それ は〈名詞〉です
あれ

エミは大学生です

エミ	ペン	ナック・スクサー
エミ		学生
เอมิ	เป็น	นักศึกษา

それは本です

ナン	ナン(グ)スー
それ	本
นั่น	หนังสือ

疑問文 ① A ペン | 名詞 ループラオ | Aは〈名詞〉ですか？
② ニー
　 ナン
　 ノーン | 名詞 ループラオ | これ
それ は〈名詞〉ですか？
あれ

答え　チャイ（はい）／マイ チャイ（いいえ）

エミは学生ですか？

エミ	ペン	ナック・スクサー	ループラオ
エミ		大学生	
เอมิ	เป็น	นักศึกษา	หรือเปล่า

それは本ですか？

ナン	ナン(グ)スー	ループラオ
それ	本	
นั่น	หนังสือ	หรือเปล่า

＊「ループラオ」の他に、「ルー」「マイ チャイ ルー」「チャイ マイ」なども使える。（50ページ参照）

否定文 ① A | マイ チャイ 名詞 | Aは〈名詞〉ではありません
② ニー
　 ナン
　 ノーン | マイ チャイ 名詞 | これ
それ は〈名詞〉ではありません
あれ

エミは学生ではありません

エミ	マイ チャイ	ナック・スクサー
エミ		学生
เอมิ	ไม่ ใช่	นักศึกษา

それは本ではありません

ナン	マイ チャイ	ナン(グ)スー
それ		本
นี่	ไม่ ใช่	หนังสือ

タイ語の基本パターン❷

① Ａは〜します
② Ａは〈形容詞〉です

| A | + | ①動詞
②形容詞 |

例：エミはタイへ行きます
　　来年エミはタイへ行きます
　　去年エミはタイへ行きました
　　タイ料理はおいしいです

3 タイ料理が大好き！

［動詞］

「私は行く」「彼は話す」などの動詞を覚える

1

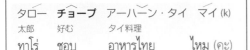

タロー	**チョープ**	アーハーン・タイ	**マイ** (k)
太郎	好む	タイ料理	
ทาโร่	ชอบ	อาหารไทย	ไหม (คะ)

太郎はタイ料理が好きですか？

2

チョープ	**マークマーク** (kp)
好む	とっても
ชอบ	มากๆ (ครับ)

テー	**マイ**	**チョープ**	パクチー (kp)
しかし	好む	パクチー	
แต่	ไม่	ชอบ	ผักชี (ครับ)

大好きです。
でもパクチーは好きではないです。

3

メーオ	**ギン**	アーハーン・イープン	ボイ (k)
メーオ	食べる	日本料理	頻繁に
แมว	กิน	อาหารญี่ปุ่น	บ่อย (ค่ะ)

テー	**マイ**	**チョープ**	プラー・ディップ (k)
しかし	好む	刺身	
แต่	ไม่	ชอบ	ปลา ดิบ (ค่ะ)

私はよく日本料理を食べます。
だけど、お刺身は好きではありません。

＊自分の名前＝「私」（26ページ参照）

4

ルー (kp)
そう？
หรือ (ครับ)

そうなんですか？

■ チョープ ชอบ 好む　■ アーハーン อาหาร 食事 料理　■ アーハーン・タイ อาหารไทย タイ料理
■ マーク มาก とても（2回繰り返すと「とっても」）　■ テー แต่ しかし　■ パクチー ผักชี パクチー　■ アーハーン・イープン อาหาร ญี่ปุ่น 日本料理　■ ボイ บ่อย 頻繁に・よく　■ ギン กิน
食べる・飲む　■ プラー・ディップ ปลาดิบ 刺身（プラー＝魚、ディップ＝生の）

「A は〜します」

A + 動詞 〜

「主語」の後には「動詞」がきます。

エミはタイへ行きます

◀018

エミ	**パイ**	ムアン (グ) タイ
エミ	行く	タイ
เอมิ	**ไป**	เมืองไทย

母はご飯を食べます

メー	**ギン**	カーオ
母	食べる	ご飯
แม่	**กิน**	ข้าว

僕はタイ語を話します

ポム	**プート**	パーサー・タイ
僕	話す	タイ語
ผม	**พูด**	ภาษาไทย

■パイ ไป 行く　■ムアン (グ) タイ เมืองไทย タイ　■メー แม่ 母　■カーオ ข้าว ご飯・米
■プート พูด 話す　■パーサー・タイ ภาษาไทย タイ語 （パーサー＝言語）

35

こういう感じで文を作る

基本は〔（主語＋）動詞＋目的語（「〜を」など）〕で文を作ります。

マンゴーを買う

スー　マムアン(グ)
買う　マンゴー
ซื้อ　มะม่วง

車を運転する

カップ　ロット
運転する　車
ขับ　รถ

ペンを使う

チャイ　パッカー
使う　ペン
ใช้　ปากกา

テレビを見る

ドゥー　ティーウィー
見る　テレビ
ดู　ทีวี

本を読む

アーン　ナン(グ)スー
読む　本
อ่าน　หนังสือ

旅行（遊び）に行く

パイ　ティアオ
行く　旅行（遊び）
ไป　เที่ยว

ボム　ラック　クン (kp)
僕　愛する　あなた
ผม　รัก　คุณ (ครับ)

愛しているよ。

チエン　ガン (k)
〜も
เช่น กัน (ค่ะ)

私もよ。

■スー ซื้อ 買う　■マムアン(グ) มะม่วง マンゴー　■カップ ขับ 運転する　■ロット รถ 車
■チャイ ใช้ 使う　■ドゥー ดู 見る　■ティーウィー ทีวี テレビ　■アーン อ่าน 読む　■パイ
ティアオ ไปเที่ยว 旅行・遊びに行く　■ラック รัก 愛する

疑問文 「Aは～しますか？」

A　動詞～ ＋ マイ

文の最後に「マイ」ไหม をつけます。実際の会話では「マイ」と発音するので、本書では「マイ」と表記します。

エミはタイへ行きますか？

◀020

エミ	パイ	ムアン(グ)タイ	**マイ**
エミ	行く	タイ	
เอมิ	ไป	เมืองไทย	ไหม

質問された動詞を繰り返す

答え

はい	いいえ	
パイ	マイ	パイ
ไป	ไม่	ไป

「はい」と答える時、「カ」「クラップ」だけでもいい。

応用

	ルー / ラー
	หรือ / เหรอ
	チャイ　マイ
マイ	ใช่　　　ไหม
	マイ　チャイ　ルー
	ไม่　ใช่　หรือ
	ループラオ
	หรือเปล่า

「マイ」の他に左の4つも使える。
（50ページ参照）

37

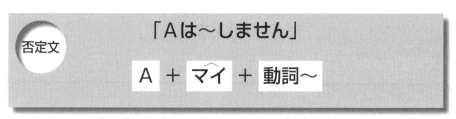

「Aは〜しません」

否定文

A + マイ + 動詞〜

動詞の前に「マイ」ไม่を入れます。疑問文の「マイ」と発音が違うので気をつけましょう。

◀021

エミはタイへ行きません

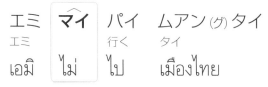

エミ	マイ	パイ	ムアン(グ)タイ
エミ		行く	タイ
เอมิ	ไม่	ไป	เมืองไทย

母はご飯を食べません

メー	マイ	ギン	カーオ
母		食べる	ご飯
แม่	ไม่	กิน	ข้าว

発音のコツ

発音がわからない時は、ちょっと大げさに頭を動かして声に出すといい。

否定文の「マイ」ไม่

マ　　　イ

38

相手のことを聞いてみよう

自分が男性なら「クラップ」、女性なら「カ」を必ず文末につけましょう。

① あなたはタイ語がわかりますか？
（理解しますか）

② わかります。

③ あなたは大学生ですか？

④ いいえ。ビジネスマンです。

⑤ タイは好きですか？

⑥ 大好きです。

⑦ タイ料理が好きですか？

⑧ 好きです。
だけどドリアンは好きではありません。

＊会話なので主語は省いてよい

---

① クン　カオジャイ　パーサー・タイ　マイ？　② カオジャイ
③ クン　ペン　ナック・スクサー　ループラオ？
④ マイ　チャイ／ペン　ナック・トゥラキット
⑤ チョープ　ムアン（グ）タイ　マイ？　⑥ チョープ　マーク
⑦ チョープ　アーハーン・タイ　マイ？
⑧ チョープ／テー　マイ　チョープ　トゥリアン

■ カオジャイ เข้าใจ 理解する・わかる　■ ナック・トゥラキット นักธุรกิจ ビジネスマン
＊「タイ」は「プラテート・タイ」ประเทศไทย でもいい。

もう少し深く話してみたい時　◀ 023

❖ 「よく行く」「上手に話す」など副詞をつけてみる

「よく」「速く」「上手に」などの副詞は文末につけます。

ポム	パイ	イープン	ボイ	（僕はよく日本へ行きます）
僕	行く	日本	よく・頻繁に	
ผม	ไป	ญี่ปุ่น	บ่อย	「毎日」「毎年」なども ここに入る。

エミ	プート	パーサー・タイ	ゲン(グ)	（エミはタイ語を上手に話します）
エミ	話す	タイ語	上手に	
เอมิ	พูด	ภาษาไทย	เก่ง	

ポー	ウィン(グ)	レオ	（父は速く走ります）
父	走る	速く	
พ่อ	วิ่ง	เร็ว	

❖ 注意が必要な否定文

「よく行く」「上手に話す」などの文を否定文にする時は、「よく」「上手に」（副詞）の前に「マイ」ไม่ が入ります。

ここに入る！

ポム	パイ	イープン	マイ	ボイ	（僕はよく日本へは行きません）
僕	行く	日本		よく・頻繁に	
ผม	ไป	ญี่ปุ่น	ไม่	บ่อย	

エミ	プート	パーサー・タイ	マイ	ゲン(グ)	
エミ	話す	タイ語		上手に	
เอมิ	พูด	ภาษาไทย	ไม่	เก่ง	

（エミはタイ語を上手には話しません）

■ポー พ่อ 父　■ゲン(グ) เก่ง 上手な・に　■ウィン(グ) วิ่ง 走る　■レオ เร็ว 早い・早く・速い・速く

40

❖「歩いて帰る」「座って食べる」など動詞を並べてみる

タイ語は動詞をいくつか並べて文を作ることができます。

私は家に歩いて帰ります

チャン	**ドゥーン**	**グラップ**	バーン
私	歩く	帰る	家
ฉัน	เดิน	กลับ	บ้าน

太郎は座ってテレビを見ます

タロー	**ナン**(グ)	**ドゥー**	ティーウィー
太郎	座る	見る	テレビ
ทาโร่	นั่ง	ดู	ทีวี

メーオは寝ながら本を読むのが好きです

メーオ	**チョープ**	**ノーン**	**アーン**	ナン(グ)スー
メーオ	好む	横になる	読む	本
แมว	ชอบ	นอน	อ่าน	หนังสือ

❖ 注意が必要な疑問文

「行かないのですか？」「食べないのですか？」というように、否定の「マイ」ไม่ が
入った文を疑問文にする時は、文末に「ルー」หรือ を使います。

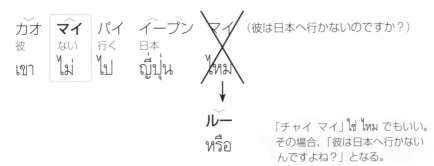

カオ	**マイ**	パイ	イープン	マイ	（彼は日本へ行かないのですか？）
彼	ない	行く	日本		
เขา	ไม่	ไป	ญี่ปุ่น	ไหม	

↓

ルー
หรือ

「チャイ マイ」ใช่ ไหม でもいい。
その場合、「彼は日本へ行かない
んですよね？」となる。

■ドゥーン เดิน 歩く　■グラップ กลับ 帰る・戻る　■バーン บ้าน 家　■ナン(グ) นั่ง 座る
■ノーン นอน 寝る　■アーン อ่าน 読む

覚えておくと便利な「…しに行く」「…しに来る」

「食べに行く」「持って来る」など動詞を組み合わせてみよう　◀024

| パイ | + | 動詞〜 | （+ティー　場所） | 「…しに行く」 | ไป 〜（ที่ 場所） |
| マー | + | 動詞〜 | （+ティー　場所） | 「…しに来る」 | มา 〜（ที่ 場所） |

私は恋人と映画を観に行きます

チャン	パイ	ドゥー	ナン(グ)	ガップ	フェーン
私	行く	見る	映画	〜と	恋人
ฉัน	ไป	ดู	หนัง	กับ	แฟน

姉は家にご飯を食べに来ます

ピーサーオ	マー	ギン	カーオ	ティー	バーン
姉	来る	食べる	ご飯	〜に・で	家
พี่สาว	มา	กิน	ข้าว	ที่	บ้าน

| アオ | + | 物 | + | パイ | （+場所） | 「〜を持って行く」 | เอา 物 ไป |
| アオ | + | 物 | + | マー | （+場所） | 「〜を持って来る」 | เอา 物 มา |

僕は学校へ携帯電話を持って行きます

ポム	アオ	ムートゥー	パイ	ローン(グ)リアン
僕	取る	携帯電話	行く	学校
ผม	เอา	มือถือ	ไป	โรงเรียน

■ティー〜 ที่ 〜で・に　■ガップ กับ 〜と　■ナン(グ) หนัง 映画　■ピーサーオ พี่สาว 姉
■マー มา 来る　■ムートゥー มือถือ 携帯電話（正式名称は「トラサップ・ムートゥー」
โทรศัพท์มือถือ）

パー	＋	人	＋	パイ	（＋場所）	「〜を連れて行く」	พา คน ไป
パー	＋	人	＋	マー	（＋場所）	「〜を連れて来る」	พา คน มา

彼はレストランへ恋人を連れて行きます

カオ	**パー**	フェーン	**パイ**	ラーン・アーハーン
彼	連れる	恋人	行く	レストラン
เขา	พา	แฟน	ไป	ร้านอาหาร

スー	＋	物	＋	パイ	（＋場所）	「〜を買って行く」	ซื้อ ของ ไป
スー	＋	物	＋	マー	（＋場所）	「〜を買って来る」	ซื้อ ของ มา

父は会社へソムタムを買って行きます

ポー	**スー**	ソムタム	**パイ**	ボリサット
父	買う	ソムタム	行く	会社
พ่อ	ซื้อ	ส้มตำ	ไป	บริษัท

チュアン	＋	人	＋	パイ	（＋場所）	「〜を誘って行く」	ชวน คน ไป
チュアン	＋	人	＋	マー	（＋場所）	「〜を誘って来る」	ชวน คน มา

太郎は私を誘って食事に行きます

タロー	**チュアン**	チャン	**パイ**	ギン	カーオ
太郎	誘う	私	行く	食べる	ご飯
ทาโร่	ชวน	ฉัน	ไป	กิน	ข้าว

■カオ เขา 彼　■ラーン・アーハーン ร้านอาหาร レストラン（ラーン＝店）　■ソムタム ส้มตำ
パパイヤサラダ　■ボリサット บริษัท 会社

3章のまとめ

| 基本 | A 動詞 ～ | | Aは～します |

エミ **パイ** ムアン(グ)タイ　　　（エミはタイへ行きます）
エミ 　行く 　タイ
เอมิ **ไป** เมืองไทย

| 疑問文 | A 動詞 ～ マイ | Aは～しますか？ |

エミ パイ ムアン(グ)タイ **マイ**　　（エミはタイへ行きますか？）
エミ 行く 　タイ
เอมิ ไป เมืองไทย **ไหม**

「マイ」の他に、「ループラオ」「ルー」
「チャイ マイ」「マイ チャイ ルー」
なども使える。（50ページ参照）

| 否定文 | A マイ 動詞 ～ | Aは～しません |

エミ **マイ** パイ ムアン(グ)タイ　　（エミはタイへ行きません）
エミ 　　 行く 　タイ
เอมิ **ไม่** ไป เมืองไทย

疑問文の「マイ」と否定文の「マイ」は
発音もタイ語の綴りも違う！

単語リスト：動詞

あ

日本語	タイ語（カナ）	タイ語
愛する	ラック	รัก
会う	ポップ／ジュー	พบ / เจอ
和える	ヤム（サラダなど）	ยำ
開ける	プート	เปิด
あげる	ハイ	ให้
揚げる	トート	ทอด
味見する	チム	ชิม
預ける	ファーク	ฝาก
遊ぶ	レン	เล่น
洗う	サッポム（洗髪）	สระผม
	サック（洗濯）	ซัก
	ラーン (グ)（皿・車など）	ล้าง
歩く	ドゥーン	เดิน
言う	ボーク	บอก
行く	パイ	ไป
炒める	パット	ผัด
祈る	アティターン	อธิษฐาน
祝う	チャローン (グ)	ฉลอง
歌う	ローン(グ)プレーン(グ)	ร้องเพลง
羨む	イッチャー	อิจฉา
売る	カーイ	ขาย
運転する	カップ	ขับ
選ぶ	ルアック	เลือก
得る	ダイ	ได้

（右段）

日本語	タイ語（カナ）	タイ語
終える	ルーク	เลิก
起きる	トゥーン	ตื่น
置く	ワーン (グ)	วาง
送る	ソン (グ)	ส่ง
怒る	グロート	โกรธ
教える	ソーン	สอน
お喋りする	クイ	คุย
押す	ゴット	กด
落ちる	トック	ตก
落とす	タム 物 トック	ทำ ～ ตก
踊る	テン	เต้น
覚える	ジャム	จำ
泳ぐ	ワーイナーム	ว่ายน้ำ
降りる	ロン (グ)	ลง
織る	トー（パー）	ทอ (ผ้า)

か

日本語	タイ語（カナ）	タイ語
買う	スー	ซื้อ
飼う	リアン (グ)	เลี้ยง
帰る	グラップ	กลับ
変える	プリアン	เปลี่ยน
描く	ワート	วาด
書く	キアン	เขียน
貸す	ハイユーム	ให้ยืม
合掌する	ワイ	ไหว้
借りる	ユーム（無料）	ยืม
	チャーオ（有料）	เช่า

45

考える	キット	คิด	心配する	ペン　フアン(グ)	เป็นห่วง
感じる	ルースック	รู้สึก	住む	ユー	อยู่
聴く	ファン(グ)	ฟัง	する	タム	ทำ
聞こえる	ダイイン	ได้ยิน	座る	ナン(グ)	นั่ง
喜捨する （托鉢僧に）	サイバート	ใส่บาตร	染める	ヨーム	ย้อม
寄進する （お布施）	タムブン	ทำบุญ	**た**		
寄付する	ボリジャーク	บริจาค	抱く	ゴート	กอด
切る	タット	ตัด	立つ	ユーン	ยืน
（包丁で）	ハン	หั่น	建てる	サーン(グ)	สร้าง
着る	サイ	ใส่	食べる	ギン	กิน
（着飾る）	テン(グ) トゥア	แต่งตัว		（＊「飲む」という意味もある）	
来る	マー	มา		ターン（丁寧）	ทาน
契約する	タム　サンヤー	ทำ สัญญา	試す	ローン(グ)	ลอง
結婚する	テン(グ) ンガーン	แต่งงาน	駐車する	ジョート	จอด
好む（好き）	チョープ	ชอบ	注文する	サン(グ)	สั่ง
壊れる	シア	เสีย	使う	チャイ	ใช้
			着く	トゥン(グ)	ถึง
さ			作る	タム	ทำ
探す	ハー	หา	出る	オーク	ออก
散髪する	タット　ポム	ตัดผม	電話する	トー	โทร
散歩する	ドゥーン　レン	เดิน เล่น	（人に）	トー パイ ハー 人	โทรไปหา ~
閉める	ピット	ปิด	（場所に）	トー パイ 場所	โทรไป ~
写真を撮る	ターイループ	ถ่ายรูป	止まる	ユット	หยุด
知る	ルー	รู้	泊まる	パック	พัก
（知識・事柄）			努力する	パヤーヤーム	พยายาม
（人・場所・物の名）	ルーチャック	รู้จัก	**な**		
信じる	チュア	เชื่อ	泣く	ローン(グ) ハイ	ร้องไห้

46

失くす	タム 物 ハーイ	ทำ ~ หาย	
煮る	トム	ต้ม	
寝る	ノーン	นอน	
飲む	ドゥーム	ดื่ม	
乗る	キー	ขี่	
	(動物・バイク・自転車)		
	クン／ナン (グ)	ขึ้น / นั่ง	
	(バス・電車など)		

は

入る	カオ	เข้า
始める	ルーム	เริ่ม
走る	ウィン (グ)	วิ่ง
働く	タムンガーン	ทำงาน
(仕事をする)		
話す	プート	พูด
払う	ジャーイ	จ่าย
引く	ドゥン (グ)	ดึง
踏む	イアップ	เหยียบ
勉強する	リアン	เรียน
微笑む	イム	ยิ้ม

ま

待つ	ロー	รอ
マッサージする	ヌアット	นวด
見る	ドゥー	ดู
	(TV・映画など意識的に)	
	ヘン	เห็น
	(偶然視野に入る、見える)	
	モーン (グ)	มอง
	(見つめる)	

蒸す	ヌン (グ)	นึ่ง
持つ	ミー / トゥー	มี / ถือ

や

焼く	ヤーン (グ)	ย่าง
	(グリル)	
	ピン (グ)	ปิ้ง
	(串焼きなど)	
	オップ	อบ
	(オーブン)	
	パオ	เผา
	(強火で)	
約束する	サンヤー	สัญญา
	ナット	นัด
	(会う約束)	
休む (休憩)	パックポーン	พักผ่อน
読む	アーン	อ่าน
予約する	ジョーン (グ)	จอง

ら

理解する	カオジャイ	เข้าใจ
両替する	レーク ングン	แลกเงิน
練習する	フック	ฝึก
連絡する	ティット トー	ติดต่อ

わ

忘れる	ルーム	ลืม
笑う	フアロッ	หัวเราะ

タイ語には「心」がいっぱいある ใจ

　タイ語には「ジャイ」（心）がつく言葉がたくさんあります。他の単語を前に置くと新しい意味の動詞になります。元の単語の意味も知ると面白いですよ。

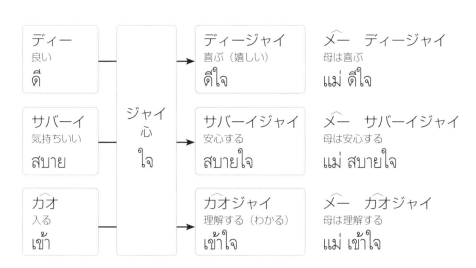

【豆知識】励ます「ガムラン (グ) ジャイ」 กำลังใจ

「ガムラン (グ) ジャイ」はタイ人がよく使う言葉で、誰かを元気づけたり、励ましたり、応援したりする時に言います。「ガムラン (グ)」は「気力、力、ファイト」という意味。「ハイ（与える）ガムラン (グ) ジャイ」「ペン　ガムラン (グ) ジャイ　ハイ　人」（〜の力になる、応援する）のように使って励まします。

甘やかす	タームジャイ (従う)	ตามใจ
息をする	ハーイジャイ (回復する)	หายใจ
いじける	ノーイジャイ (少ない)	น้อยใจ
浮気する	ノークジャイ (外の)	นอกใจ
遠慮する	グレン(グ)ジャイ (恐れる)	เกรงใจ
確信する	ネージャイ (確かな)	แน่ใจ
気が重くなる	ナックジャイ (重い)	หนักใจ
気が変わる	プリアンジャイ (変わる)	เปลี่ยนใจ
気に入る	トゥークジャイ (当たる)	ถูกใจ
機嫌をとる	アオジャイ (要る、取る)	เอาใจ
決める	タットシンジャイ (判断する)	ตัดสินใจ
興味がある	ソンジャイ (関心がある)	สนใจ
気をしっかり持つ	タムジャイ (作る・する)	ทำใจ
残念に思う	シアジャイ (壊れる)	เสียใจ
自信がある	マンジャイ (確固たる)	มั่นใจ
信用する	ワイジャイ (保つ)	ไว้ใจ
一生懸命する	タン(グ)ジャイ (築く・置く)	ตั้งใจ
悩む	グルムジャイ (苦悩する)	กลุ้มใจ
リフレッシュする	チューンジャイ (喜ばしい)	ชื่นใจ

子どもや恋人を「甘やかす」。「好きにしなさい」という時も。

遠慮しないでと言う時。
マイ トン(グ)グレン(グ)ジャイ ナ
ไม่ ต้อง เกรงใจ นะ

「ティットジャイ」ติดใจ という言葉もある。「トゥークジャイ」より強く、「とりこになる」ぐらい気に入った時に使う。(ティット＝引っ付く・貼る)

落ち込んでいる人などに声をかける時。
タムジャイ ディーディ ナ
ทำใจ ดีๆ นะ

残念なニュースや訃報を聞いた時。
シアジャイ ドゥアイ ナ
เสียใจ ด้วย นะ

＊（ ）内は「ジャイ」の前の動詞・形容詞の意味。一緒に覚えよう。

49

もっと タイ語

いろいろな尋ね方

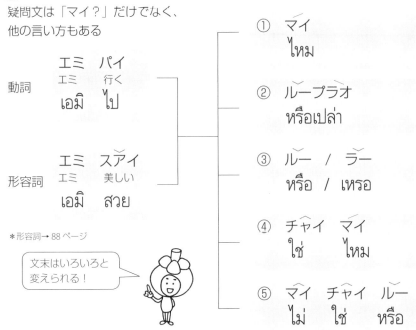

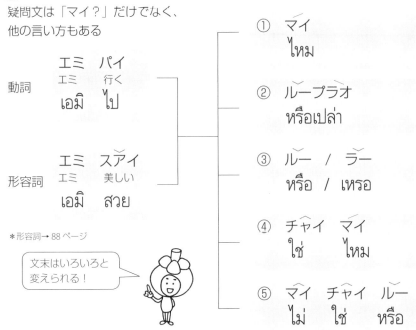 ◀025

疑問文は「マイ？」だけでなく、
他の言い方もある

動詞　エミ　パイ
　　　エミ　行く
　　　เอมิ　ไป

形容詞　エミ　スアイ
　　　　エミ　美しい
　　　　เอมิ　สวย

＊形容詞→88ページ

文末はいろいろと
変えられる！

① マイ
ไหม

② ループラオ
หรือเปล่า

③ ルー / ラー
หรือ / เหรอ

④ チャイ マイ
ใช่ ไหม

⑤ マイ チャイ ルー
ไม่ ใช่ หรือ

① **マイ**
「はい」か「いいえ」を尋ねる時に使います。「（一緒に）行く？」と誘う時にも
使います。「ペン」の文には**使えない**ので注意しましょう。

② **ループラオ**
①と似ていますが、①より「はい」か「いいえ」か強く知りたい時に使います。

③ **ルー ／ ラー**
「そうですか？」と確認の意味や、「行くんですか？」と少し驚きがあります。こ
れ一語だけでも使えます。「ラー」はくだけた表現なので友達や年下との会話で。

④ **チャイ マイ**
「そうですよね？」と尋ね、「はい」という答えを期待している時に使います。

⑤ **マイ チャイ ルー**
「そうではないんですか？」と、尋ねていることが正しいか確かめる時に使います。

【答え方】
①〜③：尋ねられた動詞・形容詞で答えます。③は「チャイ」「マイ チャイ」でも
　　　 OK。②と③には「プラオ」（いいえ）が使えます。
④と⑤：「チャイ」（はい）、「マイ チャイ」「プラオ」（いいえ）で答えます。

❖ こういうふうに使い分ける

慣れてきたら文末を変えて気持ちを伝えてみよう

① 一般に質問する時

チョープ　アーハーン・タイ　**マイ**　　（タイ料理が好きですか？）
好む　　　タイ料理

ชอบ　　　อาหารไทย　　　　　ไหม

② はっきり「はい」か「いいえ」かを知りたい時

チョープ　アーハーン・タイ　**ルー プラオ**　（タイ料理が好きですか？）
好む　　　タイ料理

ชอบ　　　อาหารไทย　　　　　หรือเปล่า

＊タイ料理を食べに連れて行きたいが、好きかどうかわからず心配な時や、
あまりおいしそうに食べていないのでどうしたのか聞きたい時などに使う。

③ そうなんですか？

チョープ　アーハーン・タイ　**ルー**　　（タイ料理が好きなんですか？）
好む　　　タイ料理

ชอบ　　　อาหารไทย　　　　　หรือ

④ そうですよね？

チョープ　アーハーン・タイ　**チャイ マイ**
好む　　　タイ料理

ชอบ　　　อาหารไทย　　　　ใช่　　ไหม

（タイ料理が好きなんですよね？）

⑤ そうではないんですか？

チョープ　アーハーン・タイ　**マイ チャイ ルー**
好む　　　タイ料理

ชอบ　　　อาหารไทย　　　　ไม่　ใช่　　หรือ

（タイ料理が好きではないんですか？）

4 どこで働いているの？

[いつ・どこで・誰が]

「何？」「なぜ？」「どうやって？」などを聞いてみよう

メーオ　ペン　ナック・スクサー　ルーブラオ (kp)
メーオ　　　　大学生
แมว　เป็น　นักศึกษา　　หรือเปล่า (ครับ)

メーオは大学生ですか？

マイ　チャイ (k)
いいえ
ไม่　ใช่　(ค่ะ)

いいえ。

タムンガーン　アライ (kp)
働く　　　　　何
ทำงาน　　อะไร (ครับ)

何の仕事をしていますか？

ペン　クルー (k)
　　　教師
เป็น　ครู　(ค่ะ)

教師です。

1

ソーン　アライ (kp)
教える　何
สอน　อะไร (ครับ)

何を教えていますか？

ソーン　パーサー・タイ (k)
教える　タイ語
สอน　ภาษาไทย　　(ค่ะ)

タイ語を教えています。

ソーン　ティーナイ (kp)
教える　どこ
สอน　ที่ไหน　(ครับ)

どこで教えていますか？

ティー　ローン(グ)リアン ABC (k)
〜で　　ABC 学校
ที่　โรงเรียน ABC　(ค่ะ)

ABC 学校で。

2

■タムンガーン ทำงาน 働く・仕事をする　■ソーン สอน 教える　■ティー ที่ 〜で

「Aはいつ・どこで・なぜ〜しますか？」

A + 動詞〜 + いつ・どこで・何を・なぜ・どう etc.

*動詞以外も入る

ここには以下のものが入る。
文頭につけることもある。

◀027

いつ
ムアライ
เมื่อไร
*1

どこ
ティーナイ
ที่ไหน
*2

何
アライ
อะไร

誰
クライ
ใคร

なぜ
タムマイ
ทำไม
*3

どれ
（アン）ナイ
(อัน) ไหน
*5

どの日
ワン ナイ
วัน ไหน

何時
ギーモン (グ)
กี่ โมง

どのように
ヤーン (グ) ライ
อย่างไร
*4

どれくらい
タオライ
เท่าไร

何（個）
ギー（アン）
กี่ (อัน)
*5

何曜日
ワン アライ
วัน อะไร

* 1　**ムアライ**　　文頭につけると、「いつになったら〜するんだ!?」と強調や批判を表す。
* 2　**ティーナイ**　会話では、「マー」（来る）、「パイ」（行く）、「ユー」（住む・いる）、
　　　　　　　　　　　「グラップ」（帰る）の後の「ティー」は省く傾向にある。例：「パイ　ナイ」
　　　　　　　　　　　（どこへ行くの？）
* 3　**タムマイ**　　通常、文頭につける。文末につけると、「なんで〜しないんだ!?」と責め
　　　　　　　　　　　ている印象になる。
* 4　**ヤーン (グ) ライ**　会話では「ヤン (グ) ンガイ」ยังไง と短く発音する。本書は「ヤン (グ) ンガイ」
　　　　　　　　　　　で表記。
* 5　**（アン）**　　　「アン」の部分には類別詞（130 ページ参照）を入れる。

疑問詞はこう使う

◀028

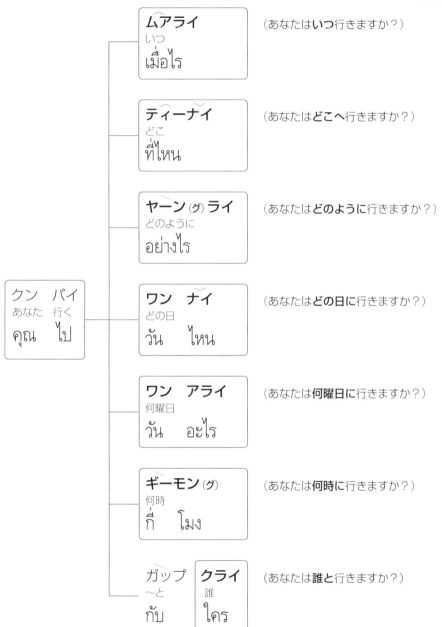

ムアライ
いつ
เมื่อไร
（あなたは**いつ**行きますか？）

ティーナイ
どこ
ที่ไหน
（あなたは**どこへ**行きますか？）

ヤーン(グ) ライ
どのように
อย่างไร
（あなたは**どのように**行きますか？）

クン　パイ
あなた　行く
คุณ　ไป

ワン　ナイ
どの日
วัน　ไหน
（あなたは**どの日に**行きますか？）

ワン　アライ
何曜日
วัน　อะไร
（あなたは**何曜日に**行きますか？）

ギーモン(グ)
何時
กี่　โมง
（あなたは**何時に**行きますか？）

ガップ　クライ
～と　誰
กับ　ใคร
（あなたは**誰と**行きますか？）

54

基本的に聞きたい部分のところを
「いつ・どこで…」などの疑問詞に置き換えて文を作る。

エミは何を食べますか？

エミ	ギン	カーオ
エミ	食べる	ご飯
เอมิ	กิน	~~ข้าว~~

⬇

アライ
何
อะไร

誰がタイへ行きますか？

~~エミ~~	パイ	ムアン(グ)・タイ
	行く	タイ
	ไป	เมืองไทย

⬇

クライ
誰
ใคร

エミはどこの人ですか？

エミ	ペン	コン	イープン
エミ	人	人	日本
เอมิ	เป็น	คน	~~ญี่ปุ่น~~

⬇

ティーナイ
どこ
ที่ไหน

イベントは何時に始まりますか？

ンガーン	ルーム	8	モーン(グ)
イベント	始まる		時
งาน	เริ่ม	~~8~~	~~โมง~~

⬇

ギー モーン(グ)
何時
กี่ โมง

❖ 便利な「ヤン(グ)ンガイ」（どうやって〜）

◀ 029

パイ	ヤン(グ)ンガイ	ナン(グ)	ロットメー	パイ
行く	どうやって	座る	バス	行く
ไป	ยังไง	นั่ง	รถเมล์	ไป

どうやって
行きますか？

バスで行きます。

!?

どうやって
食べますか？

ギン	ヤン(グ)ンガイ
食べる	どうやって
กิน	ยังไง

■ンガーン งาน 仕事・イベント　■ルーム เริ่ม 始まる・始める　■ナン(グ) 〜パイ นั่ง 〜ไป 〜で行く（ナン(グ)＝座る）　■ロットメー รถเมล์ バス

「タオライ」を使う表現。
文末には「カ」と「クラップ」を必ずつけよう。

年齢

アーユ	**タオライ**
年齢	どれくらい
อายุ	เท่าไร

何歳ですか？

イーシップシー	ピー
24	歳
24	ปี

24 歳です。

値段

ニー	**タオライ**
これ	いくら
นี่	เท่าไร

これはいくらですか？

イーシップ	バート
20	バーツ
20	บาท

20 バーツです。

日付

ワンニー	ワンティー	**タオライ**
今日	日	どれくらい
วันนี้	วัน ที่	เท่าไร

今日は何日ですか？

ワンティー	シップ
日	10
วัน ที่	10

10日です。

所要時間

チャイ	ウェーラー	**タオライ**
使う	時間	どれくらい
ใช้	เวลา	เท่าไร

どのくらい時間がかかりますか？

プラマーン	シーシップ	ナーティー
約	40	分
ประมาณ	40	นาที

約 40 分です。

応用 ## 「～すればいい？」は「～ディー」 ◀031

「何を食べればいい？」「どうやってすればいい？」などと人に聞く時は、「いつ、どこで…」の後ろに「ディー」（良い）ดี を加えます。

何を食べればいい？

ギン	アライ	ディー
食べる	何	良い
กิน	อะไร	ดี

いつ行けばいい？

パイ	ムアライ	ディー
行く	いつ	良い
ไป	เมื่อไร	ดี

■アーユ อายุ 年齢　■ピー ปี 年・～歳（12歳までは「クアップ」ขวบ を使う）　■バート บาท バーツ　■ワンニー วันนี้ 今日（ワン＝日）　■ウェーラー เวลา 時間　■プラマーン ประมาณ 約　■ナーティー นาที 分

56

自分のことをタイ語で話してみよう！ ◀032

自分が男性なら「クラップ」、女性なら「カ」を必ず文末につけましょう。
「私」は、男性は「ポム」、女性は「チャン」を使います。

① あなたはどこ出身ですか？（どこの人？）

② 私は日本人です。

③ 大学生ですか？

④ いいえ、違います。

⑤ 何の仕事をしていますか？

⑥ 看護師です。

⑦ どこで働いていますか？

⑧ 東京で働いています。

⑨ タイが好きですか？

⑩ はい。

⑪ どうしてですか？

⑫ タイ人が好きだからです。

---

① クン　ペン　コン　ティーナイ？
② チャン〔ポム〕　ペン　コン・イーブン
③ ペン　ナック・スクサー　ループラオ？　　④ マイ　チャイ
⑤ タムンガーン　アライ？　　⑥ ペン　パヤーバーン
⑦ タムンガーン　ティーナイ？　　⑧ タムンガーン　ティー　トーキヤオ
⑨ チョープ　ムアン（グ）・タイ　マイ？　　⑩ チョープ　　⑪ タムマイ？
⑫ プロッワー　チョープ　コン・タイ

■パヤーバーン พยาบาล 看護師　■プロッワー＋文 เพราะว่า なぜなら～

過去・現在・未来

過去
(→ 64 ページ)

ムアワーン　ボム　パイ　アユタヤー
昨日　　　　僕　　行く　アユタヤ
เมื่อวาน　ผม　ไป　อยุธยา

昨日僕はアユタヤへ行きました。

現在
(→ 34 ページ)

ボム　パイ　アユタヤー　ボイ
僕　　行く　アユタヤ　　よく
ผม　ไป　อยุธยา　บ่อย

僕はよくアユタヤへ行きます。

未来
(→ 60 ページ)

プルン (グ) ニー　ボム　ジャ　パイ　アユタヤー
明日　　　　　　僕　　　　　行く　アユタヤ
พรุ่งนี้　ผม　จะ　ไป　อยุธยา

明日、僕はアユタヤへ行くつもりです。

■ムアワーン เมื่อวาน 昨日　■アユタヤー อยุธยา アユタヤ（1351–1767 年にアユタヤ王朝があった。バンコクから北へ約 76 キロ）　■プルン (グ) ニー พรุ่งนี้ 明日

タイ語では、「行った」（過去）・「行く」（現在）・「行くつもり」（未来）と言う時、動詞の形は変わらず、「明日」「先週」などの時を表す言葉を文頭か文末につけて表現します。

		主語		動詞	
過去	ムアワーン 昨日	ポム		パイ	アユタヤー
現在		ポム		パイ	アユタヤー
未来	プルン(グ)ニー 明日	ポム	ジャ	パイ	アユタヤー

時を表す言葉は文末でも文頭でも OK（文頭が多い）。
話している内容がいつのことかわかっていれば、入れなくてもいい。

未来は「ジャ」が入る

ムアゴーン　チャン　チョープ　シー・デーン(グ)
以前　　　　私　　　好む（好き）赤色
เมื่อก่อน　　ฉัน　　ชอบ　　　สีแดง

過去

現在

テー　トーンニー　チャン　チョープ　シー・ファー
だけど　今　　　　私　　　好む　　　水色
แต่　ตอนนี้　　ฉัน　　ชอบ　　　สีฟ้า

以前私は赤色が好きでした。

だけど、今私は水色が好きです。

ムアワーン　ポム　ギン　スーシ
昨日　　　　僕　　食べる　寿司
เมื่อวาน　　ผม　　กิน　　ซูชิ

イェンニー　ポム　ジャ　ギン　テムプラ
今晩　　　　僕　　　　　食べる　天ぷら
เย็นนี้　　ผม　　จะ　　กิน　　เทมปุระ

過去

未来

昨日僕は寿司を食べました。

今晩僕は天ぷらを食べるつもりです。

■ムアゴーン เมื่อก่อน 以前　■シー・デーン(グ) สีแดง 赤色　■トーンニー ตอนนี้ 現在・今
■シー・ファー สีฟ้า 水色　■スーシ ซูชิ 寿司　■イェンニー เย็นนี้ 今晩　■テムプラ เทมปุระ
天ぷら

5 これからご飯を食べに行くの

［未来のこと］

「明日映画へ行く」「来年結婚する」など未来について話そう ◀033

1

メーオ **ジャ パイ ナイ** (kp)
メーオ 行く どこ
แมว จะ ไป ไหน (ครับ)

メーオ、どこへ行くの？

ジャ パイ ギン カーオ (k)
行く 食べる ご飯
จะ ไป กิน ข้าว (ค่ะ)

ご飯を食べに行くの。

2

ポム ゴ ヒウ (kp)
僕 〜も お腹が空く
ผม ก็ หิว (ครับ)

僕もお腹が空いたよ。

パイ ドゥアイ ガン マイ (k)
行く 一緒に
ไป ด้วย กัน ไหม (คะ)

一緒に行く？

3

ジャ ギン アライ (kp)
食べる 何
จะ กิน อะไร (ครับ)

何を食べるつもり？

レーオテー タロー (k)
次第 太郎
แล้วแต่ ทาโร่ (ค่ะ)

太郎次第よ。

4

アライ ゴ ダイ (kp)
何 も できる
อะไร ก็ ได้ (ครับ)

ポム ヒウ マーク (kp) **パッ**
僕 お腹が空く とても 行こう
ผม หิว มาก (ครับ) ป๊ะ

何でもいいよ。 さ、行こう！
お腹がぺこぺこだよ。

■ヒウ หิว お腹が空く ■動詞＋ドゥアイ ガン マイ ด้วย กัน ไหม 一緒に〜しませんか？
■レーオテー 〜 แล้วแต่〜 〜次第 ■アライ ゴ ダイ อะไร ก็ ได้ 何でも良い ■パッ ป๊ะ 会
話表現で「さあ行こう！」のような意味

60

「Aは〜するつもり・予定です」

A ＋ ジャ ＋ 動詞〜

「〜するつもり・予定」と未来を表す時は、動詞の前に「ジャ」จะ を入れます。「明日」「来年」「今晩」といった時を表す言葉は文頭か文末につけます。

◀034

来年、エミはタイへ行きます（行くつもり・予定）

ピーナー	エミ	**ジャ**	パイ	ムアン (グ) タイ
来年	エミ		行く	タイ
ปีหน้า	เอมิ	จะ	ไป	เมืองไทย

今晩、母が来ます（来るつもり・予定）

イェンニー	メー	**ジャ**	マー
今晩	母		来る
เย็นนี้	แม่	จะ	มา

> 時を表す言葉は文頭でも文末でもいい。「いつ」を強調したい時は文頭に持ってくる。

明日、友達が結婚します

プアン	**ジャ**	テン (グ) ンガーン	プルン (グ) ニー
友達		結婚する	明日
เพื่อน	จะ	แต่งงาน	พรุ่งนี้

■ピーナー ปีหน้า 来年　■テン(グ)ンガーン แต่งงาน 結婚する

「Aは～するつもり・予定ですか？」

A ジャ 動詞 ～ ＋ マイ

文末に「マイ」ไหมをつけます。

◀035

来年、エミはタイへ行きますか？

ピーナー	エミ	ジャ	パイ	ムアン(グ)タイ	マイ
来年	エミ		行く	タイ	
ปีหน้า	เอมิ	จะ	ไป	เมืองไทย	ไหม

質問の動詞を繰り返す

答え

はい　　　　　　　　いいえ

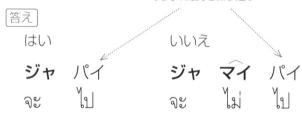

ジャ	パイ		ジャ	マイ	パイ
จะ	ไป		จะ	ไม่	ไป

「マイ」の他に、「ループラオ」「ルー」「チャイ マイ」「マイ チャイ ルー」なども使える。
(50ページ参照)

答えの「ジャ」は省くこともある。「はい」の場合、「カ」「クラップ」だけでもいい。

「いいえ」の場合は「コン(グ) マイ パイ」 คง ไม่ ไป（たぶん行かない）という答え方のほうが自然。「ジャ マイ パイ」だと「絶対に行かない」というようなニュアンスになる。

「Aは～するつもり・予定ではありません」

A ＋ ジャ マ͡イ ＋ 動詞～

「ジャ」の後に否定を表す「マ͡イ」ไม่ を入れます。

◀036

来年、エミはタイへ行きません

ピーナ͡ー	エミ	ジャ	マ͡イ	パイ	ムアン(グ)タイ
来年	エミ			行く	タイ
ปีหน้า	เอมิ	จะ	ไม่	ไป	เมืองไทย

今晩、母は来ません

イェンニ͡ー	メ͡ー	ジャ	マ͡イ	マー
今晩	母			来る
เย็นนี้	แม่	จะ	ไม่	มา

いつタイへ行くの？

◀037

自分が男性なら「クラップ」、女性なら「カ」を必ず文末につけましょう。

① 私はタイへ行くつもりです。

② いつ行く予定ですか？

③ 来年行くつもりです。

① チャン〔ポ͡ム〕 ジャ パイ ムアン(グ)・タイ ② ジャ パイ ムア͡ライ？
③ ジャ パイ ピーナ͡ー
＊③のように答える時は、時を表す言葉は文末に。「ピーナ͡ー」だけでもいい。

6 どこへ行ってきたの？ ◀038

［過去のこと］

「私は行った」「彼は話した」など過去のことを話してみよう

パイ　ナイ　マー (kp)
行く　どこ　来る
ไป　ไหน　มา (ครับ)

どこへ行ってきたの？

パイ　ギン　クアイティアオ　マー (k)
行く　食べる　ラーメン　　　来る
ไป　กิน　ก๋วยเตี๋ยว　มา (ค่ะ)

タロー　ラ (k)
太郎
ทาโร่　ล่ะ (คะ)

ラーメンを食べてきたの。
太郎は？

1

パイ　ドゥー　ナン (ŋ)　ガップ　ピー・ガイ (kp)
行く　見る　映画　　～と　　ガイ兄
ไป　ดู　หนัง　กับ　พี่ไก่　(ครับ)

ガイ兄と映画を観に行ったんだ。

ドゥー　トトロ　ルー (k)
見る　トトロ
ดู　โทโทโร่　หรือ (คะ)

「トトロ」を観たの？

マイ　ダイ　ドゥー　トトロ (kp)
　　　見る　トトロ
ไม่　ได้　ดู　โทโทโร่ (ครับ)

トトロは観なかったよ。

2

■クアイティアオ ก๋วยเตี๋ยว ラーメン　■ラ ล่ะ 「（あなた）は？」などと言う時に使う（会話表現）　■ルー หรือ そうですか？（会話では「ラー」をよく使う。50 ページ参照）

「Aは〜しました」

基本

A + 動詞〜

過去の文は文頭か文末に「昨日」「去年」などの時を表す言葉を入れるだけです。入れなくてもわかる場合は省きます。「現在」の文(34ページ)と同じ形になりますが、文脈で現在のことなのか過去のことなのか判断します。

去年エミはタイへ行きました　◀039

ピーゴーン	エミ	パイ	ムアン(グ)タイ
去年	エミ	行く	タイ
ปีก่อน	เอมิ	ไป	เมืองไทย

昨日僕はカバンを買いました

時を表す言葉は文頭でも文末でもいい

ポム	スー	グラパオ	ムアワーン
僕	買う	カバン	昨日
ผม	ซื้อ	กระเป๋า	เมื่อวาน

昨晩母は遅く寝ました

ムアクーン	メー	ノーン	ドゥック
昨晩	母	寝る	(夜)遅く
เมื่อคืน	แม่	นอน	ดึก

■ピーゴーン ปีก่อน 去年　■グラパオ กระเป๋า カバン　■ムアクーン เมื่อคืน 昨晩　■ドゥック ดึก (夜) 遅く

疑問文 「Aは〜しましたか？」

A 動詞 〜 + ループラオ

文末に「ループラオ」หรือเปล่า をつけます。

◀040

去年エミはタイへ行きましたか？

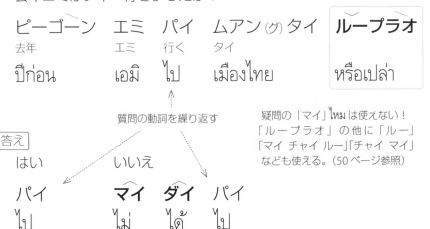

ピーゴーン	エミ	パイ	ムアン(グ)タイ	ループラオ
去年	エミ	行く	タイ	
ปีก่อน	เอมิ	ไป	เมืองไทย	หรือเปล่า

質問の動詞を繰り返す

疑問の「マイ」ไหม は使えない！
「ループラオ」の他に「ルー」
「マイ チャイ ルー」「チャイ マイ」
なども使える。（50 ページ参照）

答え

はい		いいえ	
パイ	マイ	ダイ	パイ
ไป	ไม่	ได้	ไป

＊答えの「はい」は「パイ マー レーオ」（もう行ってきた）とすると、タイ人らしい会話になる。

【豆知識】「日本へ行く機会がある」という時の「ダイ」

「ダイ＋動詞」で、「〜する機会を得る・得た」という意味があり、過去の文で
よく使います。過去の肯定文では省くことも多くあります。否定文では「マイ
ダイ＋動詞」という形をとります。

僕は日本へ行った
（行く機会があった）

ボム	ダイ	パイ	イープン
僕		行く	日本
ผม	ได้	ไป	ญี่ปุ่น

僕は日本へ行かなかった
（行く機会がなかった）

ボム	マイ	ダイ	パイ	イープン
僕			行く	日本
ผม	ไม่	ได้	ไป	ญี่ปุ่น

66

「Aは〜しませんでした」

否定文

A ＋ マイ ダイ ＋ 動詞 〜

動詞の前に「マイ ダイ」ไม่ ได้を入れます。

◀041

去年エミはタイへ行きませんでした

ピーゴーン	エミ	マイ ダイ	パイ	ムアン (グ) タイ
去年	エミ		行く	タイ
ปีก่อน	เอมิ	ไม่ ได้	ไป	เมืองไทย

昨日僕はカバンを買いませんでした

ポム	マイ ダイ	スー	グラパオ	ムアワーン
僕		買う	カバン	昨日
ผม	ไม่ ได้	ซื้อ	กระเป๋า	เมื่อวาน

昨晩母は寝ませんでした

ムアクーン	メー	マイ ダイ	ノーン
昨晩	母		寝る
เมื่อคืน	แม่	ไม่ ได้	นอน

67

「Aは〜してきました」

A ＋ 動詞〜 ＋ マー

　「食べてきた」「買ってきた」など「〜してきた」という表現は、文末に「マー」（来る）มาをつけます。よく使うので覚えておきましょう。

エミはプーケットへ行ってきました　　　　　　　　　　◀042

エミ	パイ	プーケット	マー
エミ	行く	プーケット	来る
เอมิ	ไป	ภูเก็ต	มา

僕は航空券を予約してきました

ポム	ジョーン(グ)	トゥア・クルアン(グ)ビン	マー
僕	予約する	切符　飛行機	来る
ผม	จอง	ตั๋ว เครื่องบิน	มา

タイでは「パイ ナイ マー」（どこへ行ってきたの？）ไป ไหน มา を挨拶でよく使うので覚えておくといい。

日本語ではあえて「〜してきた」と言わない場合でも、どこか別の場所で何かをして戻ってきたのなら、「マー」をつけるとタイ人らしい自然な表現になる。
例：僕はご飯を食べた（食べてきた）
　ポム　ギン　カーオ　マー

■プーケット ภูเก็ต プーケット（タイ南部の島・県。ビーチが有名）　■ジョーン(グ) จอง 予約する　■トゥア・クルアン(グ)ビン ตั๋วเครื่องบิน 航空券（トゥア＝切符、クルアン(グ)ビン＝飛行機）

どこで何をしたか話してみよう！

◀043

自分が男性なら「クラップ」、女性なら「カ」を必ず文末につけましょう。

① どこへ行ってきましたか？

② 買い物へ行ってきました。

③ 市場へ行きましたか？

④ 市場へは行きませんでした。
デパートへ行ってきました。

⑤ 何を買いましたか？

⑥ 靴を買いました。

⑦ いくらでしたか？

⑧ 200 バーツでした。

---

① パイ　ナイ　マー？　　② パイ　スー　コン(グ)　マー

③ パイ　タラート　ループラオ？

④ マイ　ダイ　パイ　タラート／パイ　ハーン(グ)　マー

⑤ スー　アライ？　　⑥ スー　ローン(グ)ターオ　　⑦ タオライ？

⑧ ソーン(グ)ローイ　バート

■ パイ　スー　コン(グ) ไป ซื้อ ของ 買い物へ行く（パイ＝行く、スー＝買う、コン(グ)＝物）

■ タラート ตลาด 市場　　■ ハーン(グ) ห้าง デパート（口語）　　■ ローン(グ) ターオ รองเท้า 靴

■ ソーン(グ) ローイ สองร้อย 200

5 章のまとめ

| 基本 | A　ジャ　動詞 〜 | Aは〜するつもり・予定です |

| エミ | ジャ | パイ
行く | ムアン(グ) タイ
タイ | （エミはタイへ行きます） |
| เอมิ | จะ | ไป | เมืองไทย | |

| 疑問文 | A　ジャ　動詞 〜　マイ | Aは〜するつもり・予定ですか？ |

| エミ | ジャ | パイ
行く | ムアン(グ) タイ
タイ | マイ | （エミはタイへ行きますか？）|
| เอมิ | จะ | ไป | เมืองไทย | ไหม | |

「マイ」の他に、「ループラオ」
「ルー」「マイ チャイ ルー」
「チャイ マイ」なども使える。
（50 ページ参照）

| 否定文 | A　ジャ　マイ　動詞 〜 | Aは〜するつもり・予定ではありません |

| エミ | ジャ　マイ | パイ
行く | ムアン(グ) タイ
タイ | （エミはタイへ行きません）|
| เอมิ | จะ　ไม่ | ไป | เมืองไทย | |

6章のまとめ

基本　A　動詞 ～　　　　　　　　　　　　Aは～しました

エミ　パイ　ムアン(グ)タイ　　　　　　　（エミはタイへ行きました）
エミ　　行く　　タイ
เอมิ　ไป　เมืองไทย　　　　　　文頭か文末に時を表す言葉を入
　　　　　　　　　　　　　　　　　れると過去だとはっきりする。

疑問文　A　動詞 ～　ループラオ　　　　Aは～しましたか？

エミ　パイ　ムアン(グ)タイ　| ループラオ |　（エミはタイへ行きましたか？）
エミ　　行く　　タイ
เอมิ　ไป　เมืองไทย　| หรือเปล่า |　　「ルー」「マイ チャイ ルー」
　　　　　　　　　　　　　　　　　「チャイ マイ」も使える。
　　　　　　　　　　　　　　　　　（50ページ参照）

否定文　A　マイ　ダイ　動詞 ～　　　　Aは～しませんでした

エミ　| マイ　ダイ |　パイ　ムアン(グ)タイ　（エミはタイへ行きませんでした）
エミ　　　　　　　　　行く　　タイ
เอมิ　| ไม่　ได้ |　ไป　เมืองไทย

～してきた　A　動詞 ～　マー　　　　Aは～してきました

エミ　パイ　ムアン(グ)タイ　| マー |　（エミはタイへ行ってきました）
エミ　　行く　　タイ　　　　　　来る
เอมิ　ไป　เมืองไทย　| มา |

71

7 喜捨をしたことがある

เคย ［〜したことがある］

「タイ料理を食べたことがある」というような経験を話してみよう 🔊044

タロー クーイ パイ サイバート マイ (k)
太郎　　　　　行く　食べ物を喜捨する
ทาโร่　เคย　ไป　ใส่บาตร　ไหม (คะ)

太郎は僧に食べ物を
喜捨しに行ったことがある？

マイ クーイ (kp)
ไม่　เคย (ครับ)

ないよ。

1

プルン(グ)ニー ペン ワングート メーオ (k)
明日　　　　　　　誕生日　　メーオ
พรุ่งนี้　เป็น　วันเกิด　แมว (ค่ะ)

メーオ ジャ パイ サイバート (k)
メーオ　　　　行く　喜捨する
แมว　จะ　ไป　ใส่บาตร (ค่ะ)

明日は私の誕生日なの。
私は食べ物を喜捨しに行くつもり。

2

ターンガン ボム ジャ パイ ドゥアイ (kp)
それなら　僕　　　　行く　一緒に
ถ้า งั้น　ผม　จะ　ไป　ด้วย (ครับ)

それなら、僕も一緒に行く！

3

タイでは誕生日や仏教の大切な日に、お寺へ行ったり、托鉢の僧たちにご飯を喜捨したりする人が多い。敬虔な仏教徒の中には毎日ご飯を作って喜捨する人もいる。

また、誕生日には、友達や家族にご馳走したり、孤児院などへ洋服や食事を持って行ったりして善い行いをする人も。

このようにタイ人はことあるごとに施し・お布施（タムブン）をして徳を積んでいる。

■ サイバート ใส่บาตร 僧に食べ物を喜捨する　■ ワングート วันเกิด 誕生日（ワン＝日、グート＝生まれる）　■ ターンガン ถ้างั้น それなら（ター＝もし、ンガン＝そのような。会話表現。正式には「ター ヤーン(グ)ナン」ถ้าอย่างนั้น）　■ ドゥアイ ด้วย 一緒に

「Aは〜したことがあります」

A + クーイ + 動詞〜

「〜したことがあります」は「クーイ」เคย。動詞の前に入れます。

◀045

エミはプーケットへ行ったことがあります

エミ	**クーイ**	パイ	プーケット
エミ		行く	プーケット
เอมิ	เคย	ไป	ภูเก็ต

父はタイ料理を食べたことがあります

ポー	**クーイ**	ギン	アーハーン・タイ
父		食べる	タイ料理
พ่อ	เคย	กิน	อาหารไทย

彼はムエタイを観たことがあります

カオ	**クーイ**	ドゥー	ムアイタイ
彼		観る	ムエタイ
เขา	เคย	ดู	มวยไทย

■ムアイタイ มวยไทย ムエタイ

疑問文

「Aは〜したことがありますか？」

A クーイ 動詞〜 ＋ マイ

「〜したことがありますか？」と聞くときは、文末に「マイ」ไหม をつけます。

エミはプーケットへ行ったことがありますか？　　　　　　◀046

エミ	クーイ	パイ	プーケット	**マイ**
エミ		行く	プーケット	
เอมิ	เคย	ไป	ภูเก็ต	ไหม

答え

「マイ」の代わりに「ループラオ」
などを使ってもいい。
（50ページ参照）

はい　　　　　　　　　　　いいえ

クーイ　　　　　　　　　**マイ　クーイ**

เคย　　　　　　　　　　　ไม่　เคย

❖「1回」「2回」と言う時は「〜クラン(グ)」

「1回行ったことがある」「3回見たことがある」「何回も食べたことがある」と言う時は文末に「(数) ＋クラン(グ)」をつけます。

あなたは何回日本へ行ったことがありますか？

クン	クーイ	パイ	イープン	ギー	**クラン**(グ)
あなた		行く	日本	幾	回
คุณ	เคย	ไป	ญี่ปุ่น	กี่	ครั้ง

僕は2回日本へ行ったことがあります

ポム	クーイ	パイ	イープン	ソーン(グ)	**クラン**(グ)
僕		行く	日本	2	回
ผม	เคย	ไป	ญี่ปุ่น	2	ครั้ง

＊答えるときは「ソーン(グ)　クラン(グ)」だけでもいい。

74

「Aは〜したことがありません」

A ＋ マイ クーイ ＋ 動詞 〜

「クーイ」の前に否定を表す「マイ」ไม่ を入れて、「マイ クーイ」ไม่ เคย にします。

エミはプーケットへ行ったことがありません　　　　　　　　　◀047

エミ	マイ　クーイ	パイ	プーケット
エミ		行く	プーケット
เอมิ	ไม่　เคย	ไป	ภูเก็ต

父はタイ料理を食べたことがありません

ポー	マイ　クーイ	ギン	アーハーン・タイ
父		食べる	タイ料理
พ่อ	ไม่　เคย	กิน	อาหารไทย

【したことがなかったけど、今初めてする】　◀048

否定文の最後に「マー　ゴーン」มา ก่อน をつけると、「**これまでしたことがな
かったが、今、初めてする**」、という意味になります。

僕はこれまでタイ料理を食べたことがありませんでした（が今初めて食べます）

ポム	マイ　クーイ	ギン	アーハーン・タイ	マー　ゴーン
僕		食べる	タイ料理	
ผม	ไม่　เคย	กิน	อาหารไทย	มา　ก่อน

タイで何をしたことがあるか聞いてみよう

文末には女性なら「カ」、男性なら「クラップ」をつけましょう。

◀049

① タイ料理を食べたことがありますか？

② あります。
トムヤムクンが好きです。

③ アユタヤへ行ったことがありますか？

④ はい。2度行ったことがあります。

⑤ だけど涅槃仏を見たことがありません。

⑥ 象に乗ったことがありますか？

⑦ ありません。だけど来週、
私はチェンマイへ行くつもりです。
象に乗るつもりです。

---

① クーイ　ギン　アーハーン　タイ　マイ？
② クーイ／チョープ　トムヤムクン（ヶ）
③ クーイ　パイ　アユタヤー　マイ？
④ クーイ／クーイ　パイ　ソーン（ヶ）　クラン（ヶ）
⑤ テー　マイ　クーイ　ヘン　プラッ・ノーン
⑥ クーイ　キー　チャーン（ヶ）　マイ？
⑦ マイ　クーイ／テー　アーティットナー　チャン〔ポム〕　ジャ　パイ
　 チェン（ヶ）マイ／ジャ　キー　チャーン（ヶ）

■トムヤムクン（ヶ）ต้มยำกุ้ง トムヤムクン　■プラッ・ノーン พระนอน 涅槃仏（プラッ＝
仏・僧、ノーン＝横になる・寝る）　■ヘン เห็น 見る　■キー ขี่ 乗る　■チャーン（ヶ）ช้าง 象
■アーティットナー อาทิตย์ หน้า 来週（アーティット＝週、ナー＝前）

76

7章のまとめ

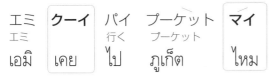

基本　A　クーイ　動詞 〜　　　　〜したことがあります

エミ	クーイ	パイ	プーケット
エミ		行く	プーケット
เอมิ	เคย	ไป	ภูเก็ต

（エミはプーケットへ行ったことがあります）

疑問文　A　クーイ　動詞 〜　マイ　　〜したことがありますか？

エミ	クーイ	パイ	プーケット	マイ
エミ		行く	プーケット	
เอมิ	เคย	ไป	ภูเก็ต	ไหม

「マイ」の他に、「ループラオ」「ルー」
「マイ チャイ ルー」「チャイ マイ」
などの使える。(50 ページ参照)

（エミはプーケットへ行ったことがありますか？）

否定文　A　マイ　クーイ　動詞 〜　　〜したことがありません

エミ	マイ	クーイ	パイ	プーケット
エミ			行く	プーケット
เอมิ	ไม่	เคย	ไป	ภูเก็ต

（エミはプーケットへ行ったことがありません）

8 もうシャワーを浴びた

◀️050

แล้ว [もう〜した]

すでにしたこと、し終わったことを話してみよう

1

ギン　カーオ　**レーオ**　**ルーヤン**(グ)(kp)
食べる　ご飯　もう
กิน　ข้าว　แล้ว　หรือยัง　(ครับ)

もうご飯を食べた？

ヤン(グ)(k)
まだ
ยัง　(ค่ะ)

まだだよ。

2

タロー　ラ(k)　　　　ギン　**レーオ**(kp)
太郎　　　　　　　　食べる　もう
ทาโร่　ล่ะ (คะ)　　กิน　แล้ว (ครับ)

太郎は？　　　　　　もう食べたよ。

3

アープナーム　**レーオ**　**ルーヤン**(グ)(k)
シャワーを浴びる　もう
อาบน้ำ　แล้ว　หรือยัง　(คะ)

もうシャワーを浴びた？

ムアクーン　**アープ**　**レーオ**(kp)
昨晩　　　　浴びる　もう
เมื่อคืน　อาบ　แล้ว (ครับ)

昨晩すでに浴びたよ。

4

トーンチャーオ　マイ　アープナーム　ラー(k)
朝　　　　　　　　　　シャワーを浴びる
ตอนเช้า　ไม่　อาบน้ำ　เหรอ (ค่ะ)

メン　ナ(k)
臭い　ね
เหม็น　นะ (คะ)

　　　　マイ　メン(kp)
　　　　臭い
　　　　ไม่　เหม็น (ครับ)

朝は浴びないの？　　ホーム(kp)
臭いね。　　　　　　香りいい
　　　　　　　　　　หอม (ครับ)

臭くないよ！
いい香りだよ！

「ご飯食べた？」「シャワーを浴びた？」というのはタイ人が挨拶代りによく使う言葉なので覚えておこう。暑いタイではシャワーを朝晩必ず浴びるけど、朝に入る習慣があまりない日本人が「朝はシャワーを浴びないよ」と言うと、汚いと思われることも！

■ アープナーム อาบน้ำ シャワーを浴びる（アープ＝浴びる、ナーム＝水）　■ トーンチャーオ ตอนเช้า 朝　■ メン เหม็น 臭い　■ホーム หอม 香りが良い

「A はもう〜しました」

A ＋ 動詞〜 ＋ レーオ

「もう〜しました（してしまった）」は文末に「レーオ」แล้ว を入れます。

エミはもうプーケットへ行ってしまいました（ここにいない） ◀051

エミ	パイ	プーケット	レーオ
エミ	行く	プーケット	
เอมิ	ไป	ภูเก็ต	แล้ว

母はもうご飯を食べました

メー	ギン	カーオ	レーオ
母	食べる	ご飯	
แม่	กิน	ข้าว	แล้ว

私はもう「トトロ」を観ました

チャン	ドゥー	トトロ	レーオ
私	見る	トトロ	
ฉัน	ดู	โทโทโร่	แล้ว

応用

「レーオ」（もう）はこんなふうにも使える！

もうお腹がいっぱい！
イム　レーオ
満腹な
อิ่ม　แล้ว

もう飽きた〜
ブア　レーオ
飽きる
เบื่อ　แล้ว

■イム อิ่ม 満腹な　■ブア เบื่อ 退屈する・飽きる

「Aはもう〜しましたか？」

A 動詞 〜 ＋ レーオ ＋ ルーヤン(グ)

「もう〜しましたか」と聞く時は、文末に「レーオ ルーヤン(グ)」แล้ว หรือยัง を入れます。

エミはもうプーケットへ行ってしまいましたか？　◀052

エミ	パイ	プーケット	レーオ	ルーヤン(グ)
エミ	行く	プーケット		
เอมิ	ไป	ภูเก็ต	แล้ว	หรือยัง

答え
はい

同じ動詞を繰り返す。
「はい」の時は「カ」
「クラップ」でもいい。

パイ	レーオ
ไป	แล้ว

いいえ（まだです）

ヤン(グ)
ยัง

「レーオヤン(グ)」
「ルーヤン(グ)」と略して
言うこともできる。

「レーオ」が入っている文には
「マイ」と「ループラオ」は使えない。
「ルー」「チャイ マイ」は使える。

【雑学】 恋人はもういるの？

タイにいると、若い人は以下の質問をよくされるので覚えておくと便利。

もう結婚していますか？

テン(グ)ンガーン	レーオ	ルーヤン(グ)
結婚する		
แต่งงาน	แล้ว	หรือยัง

もう恋人はいますか？

ミー	フェーン	レーオ	ルーヤン(グ)
いる	恋人		
มี	แฟน	แล้ว	หรือยัง

「Aはまだ〜していません」

A + ヤン(グ)マ̂イ ダ̂イ + 動詞 〜

「まだ〜していません」は動詞の前に「ヤン(グ)マ̂イ ダ̂イ」ยังไม่ได้ を入れます。

エミはまだプーケットへ行っていません　◀053

エミ	ヤン(グ)	マ̂イ	ダ̂イ	パイ	プーケット
エミ				行く	プーケット
เอมิ	ยัง	ไม่	ได้	ไป	ภูเก็ต

母はまだご飯を食べていません

メ̂ー	ヤン(グ)	マ̂イ	ダ̂イ	ギン	カ̂ーオ
母				食べる	ご飯
แม่	ยัง	ไม่	ได้	กิน	ข้าว

「ヤン(グ)」（まだ）のいろいろな用法　◀054

「ヤン(グ)」は「まだ」という意味ですが、上記以外にもいろいろな文に使えます。

僕は**まだ**独身です

ポ̂ム	ヤン(グ)	ペン	ソ̂ート
僕			独身
ผม	ยัง	เป็น	โสด

僕は**まだ**食べません
（自分の意思で食べるつもりでない）

ポ̂ム	ヤン(グ)	マ̂イ	ギン
僕			食べる
ผม	ยัง	ไม่	กิน

もうご飯を食べたか聞いてみよう　◀055

自分が男性なら「クラップ」、女性なら「カ」を必ず文末につけましょう。

① もう起きましたか？

② はい。

③ もうご飯を食べましたか？

④ まだです。

⑤ 一緒にご飯を食べに行きませんか？

⑥ それもいいですね。
　でもまだシャワーを浴びていません。

① トゥーン　レーオ　ルーヤン(グ)？　② トゥーン　レーオ
③ ギン　カーオ　レーオ　ルーヤン(グ)？　④ ヤン(グ)
⑤ パイ　ギン　カーオ　ドゥアイ　ガン　マイ？
⑥ ゴディー／テー　ヤン(グ)　マイ　ダイ　アープ　ナーム

「今〜したところ」は「プン(グ)」เพิ่ง／พึ่ง

「もう〜しましたか？」と聞かれて、「ちょうど〜したばかり」「今〜したところ」
と答える時は、「プン(グ)＋動詞〜」を使います。（「プ」は口を横に開いて発音）

僕は今知りました（知ったところ）　　　私はちょうど着いたところです
ポム　**プン(グ)**　ルー　　　　　　　　チャン　**プン(グ)**　マー　トゥン(グ)
僕　　　　　知る　　　　　　　　　　　私　　　　　来る　着く＝到着する
ผม　เพิ่ง　รู้　　　　　　　　　　ฉัน　เพิ่ง　มา　ถึง

■トゥーン ตื่น起きる　■ゴディー ก็ดี「それもいいですね」　■ルー รู้知る　■マー トゥン(グ)
มา ถึง到着する（マー＝来る、トゥン(グ)＝着く）

82

8章のまとめ

基本	A＋動詞〜＋レーオ		もう〜しました

エミ	パイ	プーケット	レーオ
エミ	行く	プーケット	もう
เอมิ	ไป	ภูเก็ต	แล้ว

（エミはもうプーケットへ行ってしまいました）

疑問文	A＋動詞〜＋レーオ　ルーヤン(グ)	もう〜しましたか？

エミ	パイ	プーケット	レーオ	ルーヤン(グ)
エミ	行く	プーケット	もう	
เอมิ	ไป	ภูเก็ต	แล้ว	หรือยัง

（エミはもうプーケットへ行ってしまいましたか？）

否定文	A＋ヤン(グ)　マイ　ダイ＋動詞〜	まだ〜していません

エミ	ヤン(グ)	マイ	ダイ	パイ	プーケット
エミ				行く	プーケット
เอมิ	ยัง	ไม่	ได้	ไป	ภูเก็ต

（エミはまだプーケットへ行っていません）

⑨ 何をしているの？

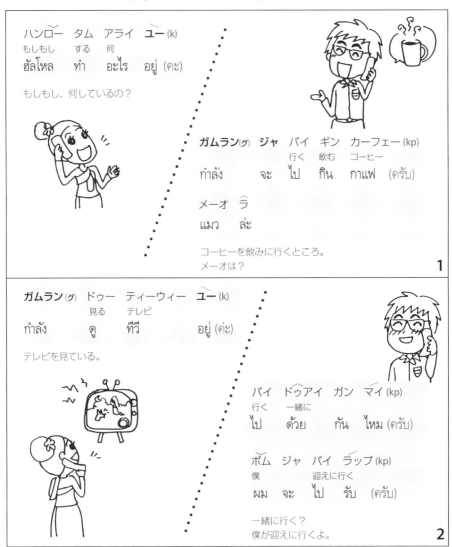

กำลัง ［～している］

今何をしているところか話してみよう

ハンロー　タム　アライ　ユー(k)
もしもし　する　何
ฮัลโหล　ทำ　อะไร　อยู่ (คะ)

もしもし、何しているの？

ガムラン(グ)　ジャ　パイ　ギン　カーフェー(kp)
　　　　　　行く　飲む　コーヒー
กำลัง　จะ　ไป　กิน　กาแฟ (ครับ)

メーオ　ラ
แมว　ล่ะ

コーヒーを飲みに行くところ。
メーオは？

1

ガムラン(グ)　ドゥー　ティーウィー　ユー(k)
　　　　　見る　テレビ
กำลัง　ดู　ทีวี　อยู่ (ค่ะ)

テレビを見ている。

パイ　ドゥアイ　ガン　マイ(kp)
行く　一緒に
ไป　ด้วย　กัน　ไหม (ครับ)

ポム　ジャ　パイ　ラップ(kp)
僕　　　迎えに行く
ผม　จะ　ไป　รับ (ครับ)

一緒に行く？
僕が迎えに行くよ。

2

■ハンロー ฮัลโหล もしもし　■ティーウィー ทีวี テレビ（TV）　■パイ ラップ（人）ไป รับ ～
（人）を迎えに行く（ラップ＝受け取る）

84

「Aは〜しています」

A ＋ **ガムラン(グ)** ＋ **動詞 〜**

動詞の前に「ガムラン(グ)」กำลัง を入れると、「〜しています」という文になります。

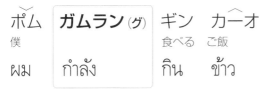

◀057

僕は（今）ご飯を食べています

ポム	**ガムラン(グ)**	ギン	カーオ
僕		食べる	ご飯
ผม	กำลัง	กิน	ข้าว

父は（今）料理をしています

ポー	**ガムラン(グ)**	タム	アーハーン
父		料理する	
พ่อ	กำลัง	ทำ	อาหาร

❖ 3通りの言い方がある

「〜しています」は以下の言い方ができます。
① 主語 ＋ ガムラン(グ) ＋ 動詞 〜
② 主語 ＋ ガムラン(グ) ＋ 動詞 〜 ＋ ユー
③ 主語 ＋ 動詞 〜 ＋ ユー

③は「今」でなくても「現在している」という場合にも使う。例えば、「私は〇〇大学で勉強している」「〇〇社で働いている」という場合。

例： 「僕はご飯を食べている」

	主語		**動詞 〜**	
①	ポム ผม	ガムラン(グ) กำลัง	ギン カーオ กิน ข้าว	
②	ポム ผม	ガムラン(グ) กำลัง	ギン カーオ กิน ข้าว	ユー อยู่
③	ポム ผม		ギン カーオ กิน ข้าว	ユー อยู่

「Aは〜するところです」

A + ガムラン (グ)　ジャ + 動詞 〜

「もうすぐバスが出るところです」「もうすぐ結婚します」のような状況の時は
「ガムラン(グ)　ジャ」กำลัง จะ を使って、「〜しようとするところ」という文にします。

バスが出発するところです　　　　　　　　　　◀058

ロットメー	ガムラン (グ)　ジャ	オーク
バス		出発する・出る
รถเมล์	กำลัง　　　จะ	ออก

練習

何をしているか聞いてみよう　◀059

自分が男性なら「クラップ」、女性なら「カ」を必ず文末につけましょう。

① 何をしていますか？

　　　② 料理をしています。

　　　③ ノックさんは？

④ ご飯を食べに行くところです。

　　　⑤私の家でごはんを食べませんか？

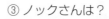

① ガムラン (グ)　タム　アライ　（ユー）？
② ガムラン (グ)　タム　アーハーン　（ユー）　　③ クン・ノック　ラ？
④ ガムラン (グ)　ジャ　パイ　ギン　カーオ
⑤ ギン　カーオ　ティー　バーン　チャン〔ポム〕　マイ？

■オーク ออก 出発する・出る　■タム ทำ する・作る

86

9章のまとめ

① A　ガムラン(グ)　動詞〜
② A　ガムラン(グ)　動詞〜　ユー ⌐
③ A　　　　　　　　動詞〜　ユー ⌐ 　　　〜しています

エミはご飯を食べています

① エミ　　**ガムラン(グ)**　ギン　カーオ
　 エミ　　　　　　　　　　食べる　ご飯
　 เอมิ　　กำลัง　　　กิน　ข้าว

② エミ　　**ガムラン(グ)**　ギン　カーオ　**ユー**
　 เอมิ　　กำลัง　　　กิน　ข้าว　　อยู่

③ エミ　　　　　　　　　　ギン　カーオ　**ユー**
　 เอมิ　　　　　　　　　　กิน　ข้าว　　อยู่

A　ガムラン(グ)　ジャ　動詞〜　　　　　　　〜するところです

エミは家を出るところです

エミ　**ガムラン(グ)　ジャ**　オーク　バーン
エミ　　　　　　　　　　　出る　　家
เอมิ　กำลัง　　จะ　　ออก　บ้าน

10 彼女は優しい

[形容詞]

「タイ料理はおいしい」「タイは暑い」という形容詞を使った文

1

ムアワーン　ピー　ジュー　プーイン(グ)　イープン(kp)
昨日　　(年上)　会う　女性　　日本
เมื่อวาน　พี่　เจอ　ผู้หญิง　ญี่ปุ่น　(ครับ)

昨日、僕は日本の女性に会ったんだ。

ラー
そう？
เหรอ

そうなの？

＊年上の人は自分を「ピー」と呼ぶことが多い。
「私（僕）」という意味になる。（26 ページ参照）

カオ　チュー　サクラ (kp)
彼女　名前　さくら
เค้า　ชื่อ　ซากุระ　(ครับ)

サクラ　ペン　コン　リアップローイ (kp)
さくら　　人　礼儀正しい
ซากุระ　เป็น　คน　เรียบร้อย　(ครับ)

スアイ　レッ　ジャイディー (kp)
美しい　そして　親切な
สวย　และ　ใจดี　　(ครับ)

彼女はさくらというんだ。
さくらは礼儀正しい人だよ。
きれいだし、親切なんだ。

サクラ　ペン　プアン　ポム (kp)
さくら　　　友達　僕
ซากุระ　เป็น　เพื่อน　ผม (ครับ)

さくらは僕の友達だよ。

2

■ジュー เจอ 会う　■プーイン(グ) ผู้หญิง 女性　■カオ เค้า 彼女　■リアップローイ เรียบร้อย
礼儀正しい　■スアイ สวย 美しい・きれいな　■レッ และ と・そして　■ジャイディー
ใจดี 親切な

「Aは〈形容詞〉です」

基本

A ＋ 形容詞

「これは高い」「彼女は美しい」などの文は、主語の後に形容詞をおきます。現在も過去も形は変わりません。

これは（値段が）高いです　　　　　　　　　　　　◀**061**

ニー　　ペーン(グ)
これ　　（値段が）高い
นี่　　　แพง

> 「ペン」を入れないように！
> 「主語＋形容詞」と並べるだけ。
> 動詞の文と同じ作り方。

彼女は美しいです

カオ　スアイ
彼女　美しい
เค้า　สวย

タイ料理はおいしいです

アーハーン・タイ　　アロイ
タイ料理　　　　　　おいしい
อาหารไทย　　　　อร่อย

> 「とても」のくだけた表現に「ジャン(グ)（ルーイ）จังเลย」がある。「ペーン(グ)ジャン(グ)」で「すっごく高い」となる。

❖ 「ちょっと」「とても」などは形容詞の後ろにつける

ニー これ	ペーン(グ) （値段が）高い	マーク・マーク มาก ๆ	（これはとっても高いです）
นี่	แพง	マーク มาก	（これはとても高いです）
		（グン）パイ （เกิน）ไป	（これは高すぎます）
		パイ ノイ ไป หน่อย	（これはちょっと高すぎます）
		ニット ノイ นิด หน่อย	（これはちょっと高いです）

■ペーン(グ) แพง（値段が）高い　■アロイ อร่อย おいしい　■グン เกิน／パイ ไป／グン パイ เกิน ไป ～過ぎる

疑問文

「Aは〈形容詞〉ですか？」

A ＋ 形容詞 ＋ マイ

文の最後に「マイ」ไหม をつけます。現在も過去も形は同じです。

これは（値段が）高いですか？　　　　　　　　　　◀062

ニー	ペーン (グ)	マイ
これ	（値段が）高い	
นี่	แพง	ไหม

「マイ」の代わりに「ループラオ」
「チャイ マイ」などを使ってもいい。
（50 ページ参照）

質問された形容詞を繰り返す。
「はい」の時は「カ」「クラップ」だけでもいい。

答え

はい　　　　　　　　　　いいえ

ペーン (グ)　　　　　　　マイ　ペーン (グ)

แพง　　　　　　　　ไม่　แพง

❖ その他の答え方いろいろ

89 ページの表現も使える。

ペーン (グ)　　マーク　　　　　　（とても高いです）

แพง　　　　　มาก

マイ　ペーン (グ)　タオライ　　　（そんなに高くありません）
ไม่　แพง　　　เท่าไร

マイ　コーイ　ペーン (グ)　　　　（あまり高くありません）
ไม่　ค่อย　แพง

マイ　ペーン (グ)　ルーイ　　　　（全然高くありません）
ไม่　แพง　　　เลย

「Aは〈形容詞〉ではありません」

A + マイ + 形容詞

形容詞の前に「マイ」ไม่を入れます。現在も過去も形は同じです。

これは（値段が）高くありません ◀063

ニー　マイ　ペーング（グ）
これ　　　　（値段が）高い
นี่　ไม่　แพง

彼女は美しくありません

カオ　マイ　スアイ
彼女　　　　美しい
เค้า　ไม่　สวย

タイ料理はおいしくありません

アーハーン・タイ　マイ　アロイ
タイ料理　　　　　　　おいしい
อาหารไทย　ไม่　อร่อย

前ページの「その他の答え方いろいろ」にあるような言葉とくみあわせることもできる。

今日はそんなに暑くありません　　今日は全然暑くありません
ワンニー　マイ　ローン　タオライ　　ワンニー　マイ　ローン　ルーイ
今日　　　　　暑い　　　　　　　　今日　　　　　暑い　　全然
วันนี้　ไม่　ร้อน　เท่าไร　　วันนี้　ไม่　ร้อน　เลย

91

「新しい家」「赤い車」の言い方（名詞＋形容詞）

礼儀正しい人	新しい家	赤い車
コン　リアップローイ	バーン　マイ	ロット　シー・デーン (ヶ)
人　　礼儀正しい	家　　新しい	車　　赤色
คน　เรียบร้อย	บ้าน　ใหม่	รถ　สี　แดง

タイ料理・菓子について話してみよう　◀064

自分が男性なら「クラップ」、女性なら「カ」を必ず文末につけましょう。

① あなたはタイ料理が好きですか？

② 大好きです。

③ トムヤムクンは好きですか？

④ 好きですが、とても辛いです。

⑤ タイ菓子を食べたことがありますか？

⑥ あります。とても甘かったです。

⑦ 日本料理はおいしいですが、
　　とっても高いです。

⑧ そんなに高くないですよ。

① クン　チョープ　アーハーン・タイ　マイ？　　② チョープ　マーク
③ チョープ　トムヤムクン (ヶ)　マイ？　　④ チョープ　テー　ペット　マーク
⑤ クーイ　ギン　カノム・タイ　マイ？　　⑥ クーイ／ワーン　マーク
⑦ アーハーン・イープン　アロイ　テー　ペーン (ヶ)　マークマーク
⑧ マイ　ペーン (ヶ)　タオライ

■バーン บ้าน 家　■マイ ใหม่ 新しい　■ペット เผ็ด 辛い　■カノム ขนม 菓子　■カノム・タイ
ขนมไทย タイ菓子　■ワーン หวาน 甘い

10章のまとめ

基本　A　形容詞　　　　　Aは〈形容詞〉です

エミ　**スアイ**
エミ　美しい
เอมิ　สวย

（エミは美しいです）

疑問文　A　形容詞　マイ　　　Aは〈形容詞〉ですか？

エミ　スアイ　**マイ**
エミ　美しい
เอมิ　สวย　ไหม

（エミは美しいですか？）

「マイ」の他に、「ループラオ」「ルー」
「マイ チャイ ルー」「チャイ マイ」
なども使える。（50ページ参照）

否定文　A　マイ　形容詞　　　Aは〈形容詞〉ではありません

エミ　**マイ**　スアイ
エミ　　　　美しい
เอมิ　ไม่　สวย

（エミは美しくありません）

【豆知識】　現在も過去も同じかたち

　形容詞の過去の文は、「現在」の文と同じつくりです。いつのことを話しているかは、時を表す言葉や文脈から判断しましょう。

今日は暑い
ワンニー　ローン
今日　　　暑い
วันนี้　ร้อน

昨日は暑かった
ムアワーン　ローン
昨日　　　　暑い
เมื่อวาน　ร้อน

単語リスト：よく使う形容詞・副詞

あ

明るい	サワーン（グ）	สว่าง
温かい（暖かい）	ウン	อุ่น
新しい	マイ	ใหม่
暑い・熱い	ローン	ร้อน
厚い	ナー	หนา
甘い	ワーン	หวาน
忙しい	ユン（グ）	ยุ่ง
薄い	バーン（グ）	บาง
美しい	スアイ	สวย
おいしい	アロイ	อร่อย
大きい	ヤイ	ใหญ่
遅い（速度）	チャー	ช้า
遅い（時間）	サーイ	สาย
重い	ナック	หนัก
愚かな	ンゴー	โง่

か

香りが良い	ホーム	หอม
賢い	チャラート	ฉลาด
硬い	ケン（グ）	แข็ง
悲しい	サオ	เศร้า
金持ちな	ルアイ	รวย
からい	ペット	เผ็ด
軽い	バオ	เบา
かわいい	ナーラック	น่ารัก
乾いた	ヘーン（グ）	แห้ง
簡単な	ンガーイ	ง่าย

汚い	ソカプロック	สกปรก
気持ちいい	サバーイ	สบาย
きれいな（清潔）	サアート	สะอาด
勤勉な	カヤン	ขยัน
臭い	メン	เหม็น
暗い	ムート	มืด
滑稽な	タロック	ตลก

さ

寒い	ナーオ	หนาว
しょっぱい	ケム	เค็ม
新鮮な	ソット	สด
涼しい	イェン	เย็น
酸っぱい	プリアオ	เปรี้ยว
狭い	ケープ	แคบ

た

高い（背丈など）	スーン（グ）	สูง
高い（値段）	ペーン（グ）	แพง
楽しい	サヌック	สนุก
小さい	レック	เล็ก
近い	グライ	ใกล้
冷たい	イェン	เย็น
強い	レーン（グ）	แรง
遠い	グライ	ไกล
年老いた	ゲー	แก่

な

長い	ヤーオ	ยาว

苦い	コム	ขม
濡れた	ピアック	เปียก

は

速い（速度）	レオ	เร็ว
早い（時間）	チャーオ	เช้า
ハンサムな	ロー	หล่อ
低い	ティア	เตี้ย
暇な	ワーン（グ）	ว่าง
広い	グワーン（グ）	กว้าง
太い	ウアン	อ้วน
古い	ガオ	เก่า
便利な	サドゥアック	สะดวก

ま

貧しい	ジョン	จน
短い	サン	สั้น
難しい	ヤーク	ยาก

明確な	チャット	ชัด

や

安い	トゥーク	ถูก
痩せた	ポーム	ผอม
軟らかい（物）	ニム	นิ่ม
軟らかい（食）	ヌム	นุ่ม
有名な	ミーチューシアン（グ）	มีชื่อเสียง
良い	ディー	ดี
弱い	オーンイェー	อ่อนแอ

ら

流暢な	クロン（グ）	คล่อง
礼儀正しい	リアップローイ	เรียบร้อย

わ

若い（男性）	ヌム	หนุ่ม
（女性）	サーオ	สาว

単語が思い出せない時は、逆の意味を持つ単語の前に
否定を表す「マイ」をつけるという手もある。
例：「長い」が思い出せない　→　マイ　サン（短くない）
　　「大きい」が思い出せない　→　マイ　レック（小さくない）

タイ語は形容詞も副詞も同じ形なので、
上記の単語を覚えるといろいろと応用
がきく。「彼女は美しい」の「美しい」
（形容詞）も「彼女は美しく歩く」の
「美しく」（副詞）も「スアイ」。

「醜い」「まずい」などという言葉ははっきり言う
より、「美しくない」（マイ　スアイ）「おいしく
ない」（マイ　アロイ）と言ったほうがいい。

性格を表す「ジャイ○○」ใจ

48ページで「ジャイ（心）」を使った単語について説明しましたが、「ジャイ」の後ろに形容詞がくると、性格を表す言葉になります。例えば、「ジャイ」＋「ダム（黒い）」という2つの単語を組み合わせると、「黒い心」＝「腹黒い・意地悪な」という性格を表す単語になります。元の単語から意味を想像しても面白いですね。

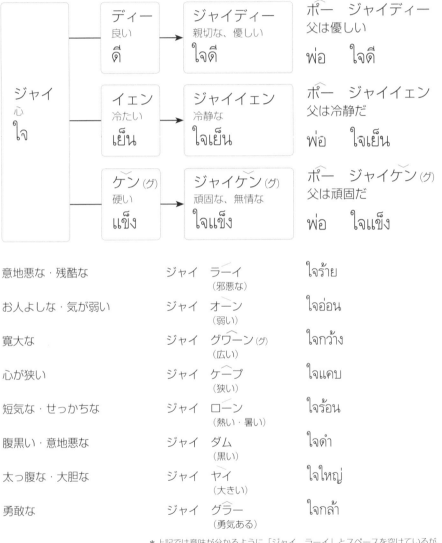

ジャイ 心 ใจ	ディー 良い ดี	ジャイディー 親切な、優しい ใจดี	ポー　ジャイディー 父は優しい พ่อ　ใจดี
	イェン 冷たい เย็น	ジャイイェン 冷静な ใจเย็น	ポー　ジャイイェン 父は冷静だ พ่อ　ใจเย็น
	ケン（グ） 硬い แข็ง	ジャイケン（グ） 頑固な、無情な ใจแข็ง	ポー　ジャイケン（グ） 父は頑固だ พ่อ　ใจแข็ง

意地悪な・残酷な	ジャイ	ラーイ （邪悪な）	ใจร้าย
お人よしな・気が弱い	ジャイ	オーン （弱い）	ใจอ่อน
寛大な	ジャイ	グワーン（グ） （広い）	ใจกว้าง
心が狭い	ジャイ	ケープ （狭い）	ใจแคบ
短気な・せっかちな	ジャイ	ローン （熱い・暑い）	ใจร้อน
腹黒い・意地悪な	ジャイ	ダム （黒い）	ใจดำ
太っ腹な・大胆な	ジャイ	ヤイ （大きい）	ใจใหญ่
勇敢な	ジャイ	グラー （勇気ある）	ใจกล้า

＊上記では意味が分かるように「ジャイ　ラーイ」とスペースを空けているが、実際は1つの単語なので「ジャイラーイ」とセットで覚えよう。

性格や容姿を表す「キー〇〇」ขี้

「キー＋動詞／形容詞」で「〜しがちな」「〜屋の」と性格・性質を表す言葉になります。どちらかというとマイナスの意味合いです。

キー グルア　　　　キー アーイ　　　　キー ルーム
ขี้ กลัว　　　　　　ขี้ อาย　　　　　　ขี้ ลืม
怖がる　　　　　　恥ずかしがる　　　　忘れる
怖がりな　　　　　恥ずかしがり屋の　　　忘れっぽい

暑がりな	キー ローン	ขี้ร้อน
	（熱い・暑い）	
遠慮深い	キー グレン(グ)ジャイ	ขี้เกรงใจ
	（遠慮する）	
おしゃべりな	キー クイ	ขี้คุย
	（おしゃべりする）	
愚痴っぽい	キー ボン	ขี้บ่น
	（愚痴を言う）	
ケチな	キー ニヤオ	ขี้เหนียว
	（粘々する）	
寒がりな	キー ナーオ	ขี้หนาว
	（寒い）	
嫉妬深い	キー フン(グ)	ขี้หึง
	（嫉妬する）	
怠惰な	キー キアット	ขี้เกียจ
	（怠ける・面倒くさがる）	
醜い	キー レー	ขี้เหร่

私は寒がりです
チャン キーナーオ
ฉัน ขี้หนาว

私は寒がり（な人）です
チャン ペン コン キーナーオ
ฉัน เป็น คน ขี้หนาว

日本語の「きれい」と発音が似ているため、タイ人が冗談で「あなたはキーレーね」と言うことがある。意味は反対なので喜んでいいのやらどうやら……。

＊「キー」は「糞・うんち」という意味もある。

応用　「〇〇な人」は「コン＋形容詞」

父は親切な人です　　　　　　彼はどんな人ですか？
ポー ペン コン ジャイディー　　カオ ペン コン ヤン(グ)ンガイ
父　　人　親切な、優しい　　　彼　　人　どのような
พ่อ เป็น คน ใจดี　　　　เขา เป็น คน ยังไง

＊「ヤン(グ)ンガイ」は会話表現。正式には「ヤーン(グ)ライ」（53ページ参照）

マンガを読んでみよう　　1〜10章のまとめ

🔊065

11月の満月の日（暦によって10月）は灯籠流し「ローイクラトン」の日。バナナの葉で作った灯籠を川に流し、川の神様に川を汚してしまったお詫びと、農作物などに水を与えてくれた感謝をする。

1

ワンニー　ペン　ワン・ローイクラトン(ɡ)(k)
วันนี้　เป็น　วัน ลอยกระทง　(ค่ะ)

タロー　クーイ　ローイ
ทาโร่　เคย　ลอย

クラトン(ɡ)　マイ (kp)
กระทง　ไหม (ครับ)

マイ　クーイ (kp)
ไม่　เคย　(ครับ)

2

イェンニー　パイ　ティアオ
เย็นนี้　ไป　เที่ยว

ドゥアイ　ガン　マイ (k)
ด้วย　กัน　ไหม (คะ)

3

パイ (kp)
ไป (ครับ)

ポム　ジャ　チュアン　サクラ (kp)
ผม　จะ　ชวน　ซากุระ (ครับ)

ウィセート
วิเศษ

■ワン・ローイクラトン(ɡ) วันลอยกระทง ローイクラトンの日　■ローイ ลอย 流す　■クラトン(ɡ) กระทง 灯籠　■パイ ティアオ ไป เที่ยว 遊びに行く　■チュアン ชวน 誘う　■ウィセート วิเศษ 素晴らしい・最高

1 今日はローイクラトン（灯籠流し）の日／太郎は灯籠を流したことがある？／ない
2 今晩、一緒に遊びに行かない？
3 行く！僕はさくらを誘う／最高！
4 へえー、ガイ（兄さん）はさくらを口説いているの？／違う、違う
5 顔が赤いね
6 ところで、メーオはもう灯籠を買った？／まだ／どこで灯籠を流すの？

■オーホー โอ้โฮ「へー」　■ジープ จีบ 口説く　■マイ チャイ ไม่ ใช่ そうではない・違う
■ナー หน้า 顔・前・季節　■デーン(ク) แดง 赤い・赤　■ワーテー ว่าแต่ ところで

タイ語を話すことができる

ได้ ［～できる］ ◀066

「タイ語を書くことができる」「辛いものが食べられる」という時は「ダイ」

1

タロー　キアン　パーサー・タイ　ダイ　マイ (k)
太郎　書く　タイ語　　　　　できる
ทาโร่　เขียน　ภาษาไทย　　ได้　ไหม (คะ)

太郎はタイ語を書ける？

2

ダイ　ニットノイ (kp)
できる　少し
ได้　นิดหน่อย　(ครับ)

少しなら。

3

メーオ　プート　パーサー・イープン
メーオ　話す　日本語
แมว　พูด　ภาษาญี่ปุ่น

ダイ　マイ (kp)
できる
ได้　ไหม (ครับ)

メーオは日本語を話せる？

4

マイ　ダイ (k)
　　できる
ไม่　ได้ (คะ)

パーサー・イープン　ヤーク (k)
日本語　　　　　　難しい
ภาษาญี่ปุ่น　　ยาก (ค่ะ)

話せない。
日本語は難しい！

■キアン เขียน 書く　■パーサー・イープン ภาษาญี่ปุ่น 日本語　■ヤーク ยาก 難しい

「Aは〜することができます」

A ＋ 動詞〜 ＋ ダイ

「〜できます」（ダイ）ได้ は、文末に入れます。

◀067

エミはタイ語を話すことができます

エミ	プート	パーサー・タイ	ダイ
エミ	話す	タイ語	
เอมิ	พูด	ภาษาไทย	ได้

母は辛いものを食べることができます

メー	ギン	ペット	ダイ
母	食べる	辛い	
แม่	กิน	เผ็ด	ได้

僕は今行くことができます

トーンニー	ポム	パイ	ダイ
今	僕	行く	
ตอนนี้	ผม	ไป	ได้

「私は理解する（わかる）」（カオ ジャイ）という文に
「ダイ」は使わない。「理解できる（わかる）」はその
まま「カオ ジャイ」でいい。「理解できない」時は
「マイ カオ ジャイ」

■ペット เผ็ด 辛い・辛いもの

「Aは〜することができますか？」

A 動詞〜 ＋ ダイ ＋ マイ

文末に「マイ」ไหม をつけ、「ダイ マイ」ได้ไหม とします。

エミはタイ語を話すことができますか？　　　　　　　　　　◀068

エミ	プート	パーサー・タイ	ダイ	マイ
エミ	話す	タイ語		
เอมิ	พูด	ภาษาไทย	ได้	ไหม

答え

はい	いいえ	
ダイ	マイ	ダイ
ได้	ไม่	ได้

「マイ」の代わりに「ループラオ」などを
使ってもいい。（50 ページ参照）

❖ **その他の答え方いろいろ**

（プート）　ダイ　ニットノイ　　（少し［話すことが］できる）
（話す）　　　　　少し
（พูด）　　ได้　นิดหน่อย

ポー　（プート）　ダイ　　　　　（なんとか［話すことが］できる）
　　　　（話す）
พอ　　（พูด）　　ได้

（プート）　マイ　ダイ　ルーイ　（まったく［話すことが］できない）
（話す）
（พูด）　　ไม่　ได้　เลย

＊（　）内は質問の動詞が入るが、省いてもいい。例：ポー　ダイ（なんとかできる）

「Aは〜することができません」

A 動詞〜 + マイ ダイ

「ダイ」の前に「マイ」 ไม่ をつけ、「マイ ダイ」 ไม่ ได้ とします。

エミはタイ語を話すことができません　◀069

エミ	プート	パーサー・タイ	マイ	ダイ
エミ	話す	タイ語		
เอมิ	พูด	ภาษาไทย	ไม่	ได้

母は辛いものを食べることができません

メー	ギン	ペット	マイ	ダイ
母	食べる	辛い		
แม่	กิน	เผ็ด	ไม่	ได้

【豆知識】「ダイ」の意味は「できる」だけではない ได้

　「ダイ」＝「できる」という意味だけではなく、動詞になったり、過去を表したりするので、文脈を見てどういう意味か考えましょう。

・できる
・「機会を得る」…… 66 ページ参照
・過去の否定 ……… 67 ページ参照
・「得る」………… 110 ページ参照

応 用

「ダイ＝できる」は許可・依頼にも使える　◀070

　「ダイ」は「～してくれますか？」「～してもいいですか？」という意味にも
なります。

❖ 許可　「～してもいいですか？」　　お寺や博物館、店などで使える表現

ティーニー	ターイループ	ダイ マイ (k)		ダイ (kp)
ここ	写真を撮る	できる		ได้ (ครับ)
ที่นี่	ถ่ายรูป	ได้ ไหม (คะ)		

いいですよ。

ここで写真を撮ることができますか？
＝ 写真を撮ってもいいですか？

❖ 依頼　「～してくれますか？」　　相手にお願いする時に使う表現

パイ	タナーカーン	ガップ	チャン	（ノイ）	ダイ マイ (k)	ネーノーン (kp)
行く	銀行	～と	私		できる	もちろん
ไป	ธนาคาร	กับ	ฉัน	(หน่อย)	ได้ ไหม (คะ)	แน่นอน (ครับ)

私と一緒に銀行へ行くことができますか？　　　　　　　　もちろん！
＝ 一緒に行ってくれますか？

＊「ダイマイ」の前に「ノイ」をつけるともっと丁寧になる。

■ ティーニー ที่นี่ ここ　■ ターイループ ถ่ายรูป 写真を撮る　■ タナーカーン ธนาคาร 銀行
■ ネーノーン แน่นอน もちろん

できることを聞いてみよう ◀071

自分が男性なら「クラップ」、女性なら「カ」を必ず文末につけましょう。

① あなたはタイ語を話せますか？

② 少し話せます。

③ タイ語を読めますか？

④ なんとか読めます。

⑤ あなたは辛いものを食べられますか？

⑥ はい。

⑦ あなたはお寿司が好きですか？

⑧ 好きです。
だけどわさびを食べることができません。

① クン　プート　パーサー・タイ　ダイ　マイ？
② プート　ダイ　ニットノイ　　③ アーン　パーサー・タイ　ダイ　マイ？
④ ポー　アーン　ダイ　　⑤ クン　ギン　ペット　ダイ　マイ？　　⑥ ダイ
⑦ クン　チョープ　スーシ　マイ？
⑧ チョープ／テー　ギン　ワーサービ　マイ　ダイ

■ ワーサービ วาซาบิ わさび

105

「ペン」も「ワイ」も「できる」！ เป็น・ไหว

「できる」には3通りの言い方がある

カップ	ロット	ペン	マイ (kp)
運転する	車	できる	
ขับ	รถ	เป็น	ไหม (ครับ)

運転できる？

ペン (k)	テー	トーンニー	ケーン	ジェップ (k)
できる	しかし	今・現在	腕	痛い
เป็น (ค่ะ)	แต่	ตอนนี้	แขน	เจ็บ (ค่ะ)

カップ	マイ	ダイ (k)
運転する	できない	
ขับ	ไม่	ได้ (ค่ะ)

できるけど、今は腕が痛いの。運転できない。

　「～できる」と言う時には「ダイ」を使いますが、状況によっては、「ワイ」と「ペン」を使ったほうがいい場合があります。3つとも日本語では「できる」になりますが、少しニュアンスが違うので、慣れてきたら使い分けましょう。

　使い方は「ダイ」と同じで、「ダイ」の代わりに「ワイ」や「ペン」を入れます。

①ダイ ได้ （状況、物理的に）　　例：（今夜）行かれる？　遊べる？
②ペン เป็น （技術的に習得、経験して）　例：運転できる？　パソコン使える？
③ワイ ไหว （体力、精神、金銭的に）　例：（重い物）持てる？（長い距離）歩ける？

＊外国語が話せる、書ける、読めるという場合は「ダイ」を使う傾向にあります。

❖「ダイ」「ペン」「ワイ」の違いを見てみよう

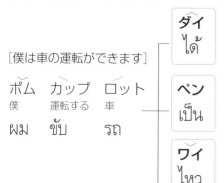

[僕は車の運転ができます]

ポム	カップ	ロット
僕	運転する	車
ผม	ขับ	รถ

ダイ ได้	時間があるので車を出せる。 お酒を飲んでいないので運転できる。 ケガをしていないので運転できる。
ペン เป็น	運転の仕方を知っている。 （「あなたは運転ができますか？」と一般的に聞く時はこれを使う）
ワイ ไหว	長時間運転しているが、まだ体力的にも精神的にも運転できる。

■ケーン แขน 腕　■ジェップ เจ็บ 痛い

106

11章のまとめ

基本　A　動詞 〜　ダイ　　　　Aは〜することができます

エミ	プート	パーサー・タイ	**ダイ**	（エミはタイ語が話せます）
エミ	話す	タイ語		
เอมิ	พูด	ภาษาไทย	ได้	

疑問文　A　動詞 〜　ダイ　マイ　　　Aは〜することができますか？

エミ	プート	パーサー・タイ	**ダイ　マイ**	（エミはタイ語が話せますか？）
エミ	話す	タイ語		「マイ」の他に、「ルー」
เอมิ	พูด	ภาษาไทย	ได้　ไหม	「ループラオ」なども使える。

（50ページ参照）

否定文　A　動詞 〜　マイ　ダイ　　　Aは〜することができません

エミ	プート	パーサー・タイ	**マイ　ダイ**	（エミはタイ語が話せません）
エミ	話す	タイ語		
เอมิ	พูด	ภาษาไทย	ไม่　ได้	

その他　A　動詞 〜 ┌ ペン　経験・習得　　　Aは〜することができます
　　　　　　　　　　　　└ ワイ　体力・精神・金銭

*疑問文や否定文は「ダイ」を「ペン」「ワイ」で置き換える。

エミ	カップ	ロット	**ペン**	（エミは車の運転ができます）
エミ	運転する	車		*運転の仕方を知っている
เอมิ	ขับ	รถ	เป็น	

エミ	カップ	ロット	**ワイ**	（エミは車の運転ができます）
エミ	運転する	車		*長時間運転しているが、まだ体力的にも気力的にも
เอมิ	ขับ	รถ	ไหว	運転できる

12 一緒に行きたい！

อยาก ［〜したい］

「食べたい」「遊びたい」など、「〜したい」と自分の希望を言う時

チュアン(グ)	ソン(グ)クラーン	タロー	**ヤーク**	タム	アライ (k)
期間	ソンクラーン	太郎	したい	する	何
ช่วง	สงกรานต์	ทาโร่	อยาก	ทำ	อะไร (คะ)

ソンクラーンの時期、
太郎は何をしたい？

メーオ	ジャ	パイ	**レン**	ナーム	ガップ	プアン (k)
メーオ		行く	遊ぶ	水	〜と	友達
แมว	จะ	ไป	เล่น	น้ำ	กับ	เพื่อน (ค่ะ)

私は友達と水かけに行くつもり。

1

ボム	**ヤーク**	パイ	ドゥアイ (kp)
僕	したい	行く	一緒に
ผม	อยาก	ไป	ด้วย (ครับ)

ジャ	**レン**	ティーナイ (kp)
	遊ぶ	どこ
จะ	เล่น	ที่ไหน (ครับ)

僕も一緒に行きたい！
どこで遊ぶの？（水かけをするの？）

2

タイのお正月は4月13〜15日。大掃除を
したり、お寺へ行ったり、年配の人へ挨拶回
りをしたりする。
　特に子どもや若者が楽しみにしているの
が水かけ。この期間だけは無礼講で水をかけ
ることができる。タイで一番暑い時期なので、
びしょびしょになってもすぐ乾いてしまうか
ら大丈夫。もっとも今はバケツや水鉄砲を使っ
たり、氷水などをざばざばかけたりするので、
寒くなることも。
　この時期に旅行する人は、スマホやカメラ
などをビニール袋にしっかり入れておこう。

■チュアン(グ)ช่วง 〜時・期間　■ソン(グ) クラーン สงกรานต์ ソンクラーン（タイ正月＝4月
13・14・15日）　■レン เล่น 遊ぶ　■レン ナーム เล่น น้ำ 水遊びをする（水かけをする）

「Aは〜したいです」

A ＋ ヤーク ＋ 動詞 / 形容詞

動詞か形容詞の前に「ヤーク」อยาก を入れます。

* 「ヤークジャ」อยากจะ と言うこともある。

◀073

エミはスコータイへ行きたいです

エミ	ヤーク	パイ	スコータイ
エミ	〜したい	行く	スコータイ
เอมิ	อยาก	ไป	สุโขทัย

父はご飯を食べたいです

ポー	ヤーク	ギン	カーオ
父	〜したい	食べる	ご飯
พ่อ	อยาก	กิน	ข้าว

私は痩せたいです

チャン	ヤーク	ポーム
私	〜したい	痩せている
ฉัน	อยาก	ผอม

■スコータイ สุโขทัย スコータイ（タイ族による最初の王朝が開かれた場所。バンコクから北へ約 440 キロ）　■ポーム ผอม 痩せている

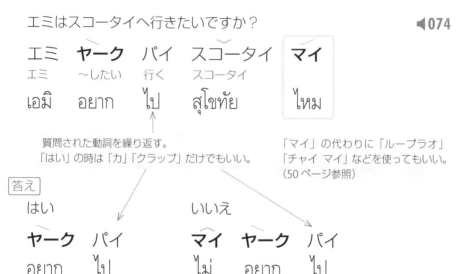

疑問文 「Aは〜したいですか？」

A　ヤーク　動詞/形容詞 ＋ マイ

文末に「マイ」ไหม をつけます。

エミはスコータイへ行きたいですか？　　　　　　　　　◀074

エミ	ヤーク	パイ	スコータイ	マイ
エミ	〜したい	行く	スコータイ	
เอมิ	อยาก	ไป	สุโขทัย	ไหม

質問された動詞を繰り返す。
「はい」の時は「カ」「クラップ」だけでもいい。

「マイ」の代わりに「ループラオ」
「チャイ マイ」などを使ってもいい。
（50 ページ参照）

答え

はい		いいえ		
ヤーク	パイ	マイ	ヤーク	パイ
อยาก	ไป	ไม่	อยาก	ไป

【豆知識】「〜が欲しい」という時は「ヤーク ダイ」อยากได้

「ダイ」は「できる」という意味の他に、「得る」という動詞でもあります。
「〜したい」（ヤーク）と組み合わせると、「〜が欲しい」という意味になります。

ヤーク	ダイ	ロット
欲しい	得る	車
อยาก	ได้	รถ

車が欲しいです。

ヤーク	ダイ	ティーウィー
欲しい	得る	テレビ
อยาก	ได้	ทีวี

テレビが欲しいです。

＊「ダイ」の代わりに「ミー」（持つ・いる）（119ページ参照）を使うこともある。

否定文

「Aは〜したくありません」

A + マイ ヤーク + 動詞 / 形容詞

「ヤーク」の前に「マイ」ไม่ をつけ、「マイ ヤーク」ไม่ อยาก にします。

エミはスコータイへ行きたくありません　◀075

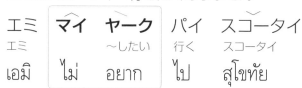

エミ	マイ	ヤーク	パイ	スコータイ
エミ		〜したい	行く	スコータイ
เอมิ	ไม่	อยาก	ไป	สุโขทัย

父はご飯を食べたくありません

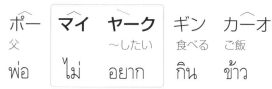

ポー	マイ	ヤーク	ギン	カーオ
父		〜したい	食べる	ご飯
พ่อ	ไม่	อยาก	กิน	ข้าว

私は太りたくありません

チャン	マイ	ヤーク	ウアン
私		〜したい	太い
ฉัน	ไม่	อยาก	อ้วน

「ヤーク」と同じ意味で、「トン(グ)ガーン」
ต้องการ という単語もある。会話では一般
的に「ヤーク」を使い、「トン(グ)ガーン」
は書き言葉に多く使う。

■ウアン อ้วน 太い

111

人に何かをしてもらいたい時　◀076

A ＋ ヤーク ハイ ＋ 人 ＋ 動詞 〜

「A は人に〜してもらいたい・〜してほしい」

僕は子どもに日本へ行ってもらいたいです

ポム	ヤーク ハイ	ルーク	パイ	イープン
僕		子ども	行く	日本
ผม	อยาก ให้	ลูก	ไป	ญี่ปุ่น

何を買いたいの？　◀077

自分が男性なら「クラップ」、女性なら「カ」を必ず文末につけましょう。

① 私はデパートへ行きたいです。

② どうしてですか？

③ プレゼントを買いたいです。

④ 何を買うつもりですか？

⑤ ぬいぐるみを買いたいです。

① チャン〔ポム〕 ヤーク パイ ハーン(グ)　② タムマイ？
③ ヤーク スー コン(グ)クワン　④ ジャ スー アライ？
⑤ ヤーク スー トゥッカター

■ルーク ลูก（自分や知り合いの）子ども（一般の子どもは「デック」เด็ก）　■コン(グ)
クワン ของขวัญ プレゼント　■トゥッカター ตุ๊กตา ぬいぐるみ・人形

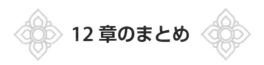

12章のまとめ

基本 A　ヤーク　動詞 〜 　　　　　　〜したいです

エミ	ヤーク	パイ	スコータイ
エミ		行く	スコータイ
เอมิ	อยาก	ไป	สุโขทัย

（エミはスコータイへ行きたいです）

疑問文 A　ヤーク　動詞 〜　マイ 　　　　〜したいですか？

エミ	ヤーク	パイ	スコータイ	マイ
エミ		行く	スコータイ	
เอมิ	อยาก	ไป	สุโขทัย	ไหม

「マイ」の他に、「ループラオ」「ルー」「マイ チャイ ルー」「チャイ マイ」なども使える。（50 ページ参照）

（エミはスコータイへ行きたいですか？）

否定文 A　マイ　ヤーク　動詞 〜 　　　〜したくありません

エミ	マイ	ヤーク	パイ	スコータイ
エミ			行く	スコータイ
เอมิ	ไม่	อยาก	ไป	สุโขทัย

（エミはスコータイへ行きたくありません）

雨が降るかもしれない

🔊078

[かもしれない]

「たぶん〜するね」「きっと〜」など、知っていると表現が広がる言葉

1

フォン **アージャ** トック (kp)
雨　　かもしれない　落ちる・降る
ฝน　อาจจะ　ตก　(ครับ)

ナージャ アオ **ロム** パイ **ナ** (kp)
〜するといい　　傘　行く　ね・よ
น่า จะ เอา ร่ม ไป นะ (ครับ)

雨が降るかもしれない。
傘を持って行くといいよ。

2

マイ **トン** (ク) ペン フアン (ク) (k)
〜しなくていい　心配する
ไม่ ต้อง เป็น ห่วง (ค่ะ)

心配しなくていいよ。

3

ネージャイ **ルー**
確かな
แน่ใจ หรือ

確信もてる？
（本当？）

4

ファー サワーン (ク) (k)
空　　明るい
ฟ้า สว่าง (ค่ะ)

フォン **コン** (ク) ジャ **マイ** トック (k)
雨　　きっと〜ない　　　降る
ฝน คง จะ ไม่ ตก (ค่ะ)

空が明るいよ。
雨はきっと降らないよ。

■ フォン ฝน 雨　■ トック ตก 落ちる・降る　■ アオ〜パイ เอา〜ไป 〜を持って行く
■ ロム ร่ม 傘　■ ペン フアン (ク) เป็น ห่วง 心配する　■ ネージャイ แน่ใจ 確信する　■ ファー
ฟ้า 空　■ サワーン (ク) สว่าง 明るい

A + ★ + 動詞 / 形容詞

以下の★の単語は動詞・形容詞の前に入れます。

★			
〜しなければならない 〜に違いない	トン (グ)	ต้อง
〜かもしれない	アー (ジャ)	อาจ (จะ)
〜すべきだ (注意・警告、命令、義務)	クアン (ジャ)	ควร (จะ)
〜するといい 〜するはずだ 〜すればよかったのに	ナー (ジャ)	น่า (จะ)
きっと〜だろう	コン (グ) (ジャ)	คง (จะ)

父が明日来るかもしれない　　　　　　　　　　　　　◀079

ポー	アージャ	マー	プルン (グ) ニー
父	かもしれない	来る	明日
พ่อ	อาจจะ	มา	พรุ่งนี้

これは絶対に甘いに違いない

ニー	トン (グ)	ワーン	ネーネー	ルーイ
これ	〜に違いない	甘い	確実に	
นี่	ต้อง	หวาน	แน่ๆ	เลย

> 「トン(グ)＋形容詞 / 動詞＋ネーネー＋ルーイ」
> ต้อง 〜 แน่ๆ เลย「絶対・確実に〜に違いない」
> とセットで使うことが多い。

115

否定文	A ＋ マイ ★ ＋ 動詞 / 形容詞
	A ＋ ★ マイ ＋ 動詞 / 形容詞

否定文には「マイ」ไม่ をつけます。入れる位置に注意しましょう。

★	～しなくていい	マイ　トン(グ)	ไม่ ต้อง
	～してはいけない	トン(グ)　マイ	ต้อง ไม่
	～しないかもしれない	アー(ジャ)　マイ	อาจ(จะ) ไม่
	～すべきでない	マイ　クアン(ジャ)	ไม่ ควร(จะ)
	～しないほうがいい ～するはずがない	マイ　ナー(ジャ)	ไม่ น่า(จะ)
	きっと～ないだろう	コン(グ)(ジャ)　マイ	คง(จะ) ไม่

あなたは夜遅く寝るべきでない　◀080

クン	マイ	クアン	ノーン	ドゥック
あなた			寝る	夜遅く
คุณ	ไม่	ควร	นอน	ดึก

あなたは行かなければよかったのに

クン	マイ	ナー	パイ	ルーイ
あなた			行く	
คุณ	ไม่	น่า	ไป	เลย

「マイ　ナー　～　ルーイ」ไม่ น่า～เลย
「～しなければよかったのに」とセット
で使うことが多い。

116

グリーンカレーは辛いかも!?

◀081

自分が男性なら「クラップ」、女性なら「カ」を必ず文末につけましょう。

① これは何ですか？

② グリーンカレーです。

③ 辛いですか？

④ 辛いかもしれません。

⑤ きっと辛いです。

⑥ 辛いに違いありません。

① ニー　アライ？　　② ゲーン(グ)・キヤオ・ワーン
③ ペット　マイ？　　④ アージャ　ペット
⑤ コン(グ)　ジャ　ペット　　⑥ トン(グ)　ペット　ネーネー　ルーイ

タイでよく聞く表現！

マイ	トン(グ)	グレン(グ)ジャイ	ナ
		遠慮する	ね
ไม่	ต้อง	เกรงใจ	นะ

遠慮しないでね。

■ゲーン(グ)・キヤオ・ワーン แกงเขียวหวาน グリーンカレー（ゲーン(グ)＝汁もの・カレー、
キヤオ＝緑、ワーン＝甘い）　■グレン(グ)ジャイ เกรงใจ 遠慮する

14 「恋人がいる」は「ミー」

มี ［〜いる・ある①］

「兄がいる」「車がある」の「いる・ある」は「ミー」　◀082

サクラ	ミー	ピーノーン(グ)	マイ (kp)
さくら	いる	兄弟・姉妹	
ซากุระ	มี	พี่น้อง	ไหม (ครับ)

さくらは兄弟がいる？

ミー	ピー チャーイ (k)
いる	兄
มี	พี่ชาย　(ค่ะ)

カオ	テン(グ)ンガーン	レーオ (k)
彼	結婚する	もう
เขา	แต่งงาน	แล้ว (ค่ะ)

ミー	ルーク	レーオ (k)
いる	子ども	もう
มี	ลูก	แล้ว (ค่ะ)

兄がいます。
彼はもう結婚しています。
もう子どもがいます。

1

サクラ	ミー	フェーン	レーオ	ルーヤン(グ)(kp)
さくら	いる	恋人	もう	
ซากุระ	มี	แฟน	แล้ว	หรือยัง (ครับ)

さくらはもう恋人がいるの？

ヤン(グ)	マイ	ミー (k)
まだ		いる
ยัง	ไม่	มี (ค่ะ)

まだいないです。

ワンニー	ワーン(グ)	マイ (kp)
今日	空く	
วันนี้	ว่าง	ไหม (ครับ)

今日、空いている？

ミー	ナット	ガップ	プアン (k)
ある	約束	〜と	友達
มี	นัด	กับ	เพื่อน (ค่ะ)

友達と約束があります。

2

■ピーノーン(グ) พี่น้อง 兄弟姉妹　■ピー チャーイ พี่ชาย 兄　■ワーン(グ) ว่าง 空く・空き
■ナット นัด（会う）約束・（会う）約束をする

「～がいます・あります」

「ミー～」

「ミー」มีには①存在を表す「ある・いる」と②所有を表す「持っている（ある・いる）」という意味があります。

①「ミー～」で「～がある・いる」、②「A ＋ミー～」で「Aは～を持っている（いる・ある）」「A（場所）には～がある・いる」となります。

◀083

ペンがあります

ミー	パッカー
ある	ペン
มี	ปากกา

エミには弟がいます（持っている）

エミ	ミー	ノーン(グ)チャーイ
エミ	いる	弟
เอมิ	มี	น้องชาย

部屋（の中）にはエアコンがあります

ナイ	ホーン(グ)	ミー	エー
中に	部屋	ある	エアコン
ใน	ห้อง	มี	แอร์

■ノーン(グ)チャーイ น้องชาย 弟（「ノン(グ)チャーイ」と発音） ■ナイ ใน ～の中　■ホーン(グ) ห้อง 部屋　■エー แอร์ エアコン

119

「〜がいますか？・ありますか？」

ミー〜 ＋ マイ

文の最後に「マイ」ไหม をつけます。

ペンがありますか？　　　　　　　　　　　　◀084

ミー	パッカー	マイ
ある	ペン	
มี	ปากกา	ไหม

「マイ」の代わりに「ループラオ」
「チャイ マイ」などを使ってもいい。
（50 ページ参照）

答え

はい	いいえ
ミー	マイ　ミー
มี	ไม่　มี

よく使う表現！ 「ミー 〜 マイ？」（〜はある？）มี ไหม

「ミー 〜 マイ？」（〜はありますか？）はレストランや市場、店でよく使う便利
なフレーズ。

ミー	リンチー	マイ (k)
ある	ライチ	
มี	ลิ้นจี่	ไหม (คะ)

ライチはありますか？

ミー (kp)	アオ	タオライ (kp)
ある	要る	どのくらい
มี (ครับ)	เอา	เท่าไร (ครับ)

ありますよ。
どれだけいりますか？

■リンチー ลิ้นจี่ ライチ　■アオ เอา 要る・欲しい

「〜がいません・ありません」

マイ + ミー〜

「ミー」の前に「マイ」`ไม่` をつけ、「マイ ミー」`ไม่ มี` にします。

ペンがありません

マイ	ミー	パッカー
	ある	ペン
ไม่	มี	ปากกา

エミには弟がいません

エミ	マイ	ミー	ノーン(グ)チャーイ
エミ		いる	弟
เอมิ	ไม่	มี	น้องชาย

部屋（の中）にはエアコンがありません

ナイ	ホーン(グ)	マイ	ミー	エー
中に	部屋		ある	エアコン
ใน	ห้อง	ไม่	มี	แอร์

マイ ミー フェーン
（恋人がいない）

マイ ミー ングン
（お金がない）

■ングン `เงิน` お金

15 「どこにいるの？」は「ユー」

อยู่ [〜いる・ある②] ◀086

「姉はバンコクにいる」「トイレはあそこにある」の「いる・ある」は「ユー」

ハンロー　トーンニー　タロー　**ユー**　ナイ (k)
もしもし　今　太郎　いる　どこ
ฮัลโหล　ตอนนี้　ทาโร่　อยู่　ไหน (คะ)

もしもし、太郎は今どこにいるの？

1

ユー　タラート (kp)
いる　市場
อยู่　ตลาด　(ครับ)

市場にいるよ。

2

ユー　コンディアオ　ラー (k)
いる　一人
อยู่　คนเดียว　เหรอ (คะ)

一人でいるの？

3

ユー　ガップ　ピー・ガイ (kp)
いる　〜と　ガイ兄
อยู่　กับ　พี่ไก่　(ครับ)

ミー　アライ　ルー (kp)
ある　何
มี　อะไร　หรือ (ครับ)

ガイ兄といるよ。
どうしたの？

4

■コンディアオ คนเดียว 一人で　■ミー アライ ルー มี อะไร หรือ 何かあるの？・どうしたの？

122

「Aは（場所に）います／あります」

基本

A ＋ ユー〜 ＋ （場所）

「ミー」は**存在自体があるかないか**を表しているのに対し、「ユー」は「**どこにいるか・あるか**」を示しています。

エミはバンコクにいます

◀087

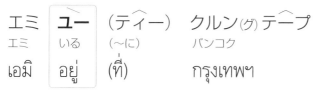

エミ	**ユー**	（ティー）	クルン(グ) テープ
エミ	いる	（〜に）	バンコク
เอมิ	อยู่	(ที่)	กรุงเทพฯ

家は学校の前にあります

バーン	**ユー**	ナー	ローン(グ) リアン
家	ある	〜の前	学校
บ้าน	อยู่	หน้า	โรงเรียน

よく使う表現！ 　「この辺には〜がある？」（ミー）、「どこにある？」（ユー）

テーオニー	ミー	ホーン(グ)ナーム	マイ (k)		ミー (kp)	ユー	ノーン (kp)
この辺	ある	トイレ			ある	ある	あそこ
แถวนี้	มี	ห้องน้ำ	ไหม (คะ)		มี (ครับ)	อยู่	โน่น (ครับ)

この辺にはトイレがありますか？

あります。あそこにあります。

■ クルン(グ) テープ กรุงเทพฯ バンコク　■ナー〜 หน้า 〜の前・正面　■テーオニー แถวนี้ この辺　■ホーン(グ)ナーム ห้องน้ำ トイレ　■ （ティー）ノーン (ที่) โน่น あそこ

「Aは〜にいますか？・ありますか？」

$$\boxed{\text{A ユー〜}} + \boxed{\text{マイ}}$$

文の最後に「マイ」ไหม をつけます。

エミはバンコクにいますか？　　　　　　　　　　◀088

エミ	ユー	（ティー）	クルン(グ) テープ	マイ
エミ	いる	（〜に）	バンコク	
เอมิ	อยู่	(ที่)	กรุงเทพฯ	ไหม

[答え]

はい		いいえ	
ユー		マイ	ユー
อยู่		ไม่	อยู่

「マイ」の代わりに「ループラオ」「チャイ マイ」などを使ってもいい。
（50ページ参照）

「Aは〜にいません・ありません」

$$\boxed{\text{A}} + \boxed{\text{マイ}} + \boxed{\text{ユー〜}}$$

「ユー」の前に「マイ」ไม่ をつけます。

エミはバンコクにいません　　　　　　　　　　◀089

エミ	マイ	ユー	（ティー）	クルン(グ) テープ
エミ		いる	（〜に）	バンコク
เอมิ	ไม่	อยู่	(ที่)	กรุงเทพฯ

124

場所を表す言葉

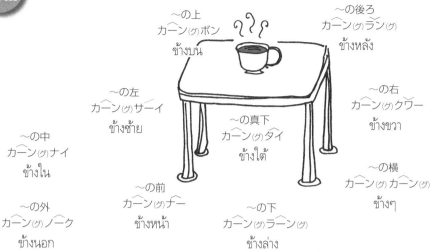

「カーン(グ)」は「〜のほう、側」という意味。つけない場合は必ず後ろに名詞がくる。下記のどの表現でもOK。ただし「〜の右・左・下」は「カーン(グ)」は省けない。

○	カーフェー	ユー	カーン(グ) ボン	トッ （コーヒーが机の上にある）
○	カーフェー	ユー	ボン	トッ （コーヒーが机の上にある）
○	カーフェー	ユー	カーン(グ) ボン	（コーヒーが上にある）
×	カーフェー	ユー	ボン	

会話では
これが簡単

＊「カーン(グ)」の代わりに「ダーン」ด้านも使える。少し丁寧。

【豆知識】「ミー」と「ユー」の使い分け

エミはいますか？

エミ	ユー	マイ
エミ	いる	
เอมิ	อยู่	ไหม

タイ人は（誰か）いますか？

ミー	コン・タイ	マイ
いる	タイ人	
มี	คนไทย	ไหม

＊特定の人がいるか聞く場合は「ユー」

＊不特定の人がいるか聞く場合は「ミー」

■ トッ โต๊ะ 机

 **家族について聞いてみよう** ◀090

① 兄弟がいますか？

② はい。

③ 姉がいます。

④ 彼女はどちらにいますか？

⑤ プーケットにいます。

⑥ プーケットはどこにありますか？

⑦ 南部にあります。

① ミー　ピーノーン (グ)　マイ？　　② ミー　　③ ミー　ピーサーオ

④ カオ　ユー　(ティー) ナイ？　　⑤ ユー　(ティー) プーケット

⑥ プーケット　ユー　(ティー) ナイ？　　⑦ ユー　(ティー) パーク・タイ

会話では、「ユー」の後の「ティー」は省略することが多い。
　例：ユー ~~ティー~~ ナイ、　ユー ~~ティー~~ ノーン、　ユー ~~ティー~~ 場所
「マー」(来る)、「パイ」(行く)、「グラップ」(帰る) の後も「ティー」
が省略される傾向にある。
　例：パイ ~~ティー~~ イープン、　マー ~~ティー~~ プーケット

■パーク・タイ ภาคใต้ 南部

14・15章のまとめ

基本

ミー	存在（〜がいる・ある・持っている）
ユー	所在（〜にいる・ある）

〜います・あります

エミは恋人がいます

エミ	ミー	フェーン
エミ	いる	恋人
เอมิ	มี	แฟน

エミは東京にいます

エミ	ユー	（ティー）	トーキヤオ
エミ	いる	（〜に）	東京
เอมิ	อยู่	(ที่)	โตเกียว

疑問文

ミー	
ユー	〜 マイ

〜いますか？・ありますか？

エミは恋人がいますか？

エミ	ミー	フェーン	マイ
エミ	いる	恋人	
เอมิ	มี	แฟน	ไหม

エミは東京にいますか？

エミ	ユー	（ティー）	トーキヤオ	マイ
エミ	いる	（〜に）	東京	
เอมิ	อยู่	(ที่)	โตเกียว	ไหม

「マイ」の他に、「ループラオ」「ルー」「マイ チャイ ルー」
「チャイ マイ」なども使える。（50ページ参照）

否定文

マイ	ミー	
	ユー	〜

〜いません・ありません

エミは恋人がいません

エミ	マイ	ミー	フェーン
エミ	いる	いる	恋人
เอมิ	ไม่	มี	แฟน

エミは東京にいません

エミ	マイ	ユー	（ティー）	トーキヤオ
エミ	いる	いる	（〜に）	東京
เอมิ	ไม่	อยู่	(ที่)	โตเกียว

16 あれはオバケ？

◀091

[これ・その・あそこ＆類別詞]

「これ」「その果物」「あそこ」など指し示す表現

パネル1

パー　プーン　ナン　アライ (k)
布　（類別詞）　その　何
ผ้า　ผืน　นั้น　อะไร (คะ)

その布は何？

ティーナイ (kp)
どこ
ที่ไหน　（ครับ）

どこ？

ティーナン (k)
そこ
ที่นั่น　（ค่ะ）

そこ。

パネル2

グリート
キャー
กรี๊ด

ピー
幽霊
ผี

幽霊よ〜！

ナン　パー　チュイチューイ
それ　布　単に
นั่น　ผ้า　เฉยๆ

それはただの布だよ。

キーグルア　ジャン (g)
怖がり　すごく
ขี้กลัว　จัง

すっごい怖がりだなあ。

■パー ผ้า 布　■プーン ผืน 布の類別詞　■ピー ผี 幽霊；精霊・お化け　■グリート กรี๊ด キャー
■チュイチューイ เฉยๆ 単に（口語）　■キーグルア ขี้กลัว 怖がり　■形容詞＋ジャン (g) จัง
すごく（口語。「マーク」よりくだけている。「形容詞＋ジャン (g) ルーイ」と言うこともある）

これ、それ、あれ ◀092

　一般に「この・その・あの～」と言う場合は、名詞の後ろに「ニー・ナン・ノーン」
を入れます。「これ・それ・あれは～です」（28ページ）とは名詞を入れる位置が違い
ます。また、特定のものを指す場合は、類別詞を入れることもあります（132ページ）。

これはマンゴーです　　　　**このマンゴーは甘いです**

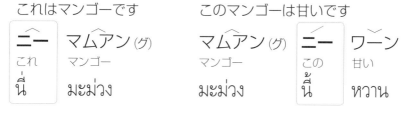

ここ、そこ、あそこ ◀093

＊日本語の「あそこ」はタイ語の「ティーナン」のほうが近い。「ティーノーン」はかなり遠くを指す。

私は彼をここで待ちます

トイレはあそこにあります

■ロー รอ 待つ

129

1本、2冊、3人… タイ語の類別詞

類別詞は日本語の「〜枚」「〜匹」などのように使います。紙や動物、果物など、数える物の形状によって類別詞を変える必要があります。

人
〜コン（〜人）
คน

動物・人形・服
〜トゥア（〜頭・匹・体・着）
ตัว
（象は「〜チュアック」）

果物
〜ルーク（〜個）
ลูก

植物
〜トン（〜本）
ต้น

葉・コップ
〜バイ（〜枚・個）
ใบ

布
〜プーン（〜枚）
ผืน

紙
〜ペーン（〜枚）
แผ่น

本
〜レム（〜冊）
เล่ม

菓子・肉など
〜チン（〜切れ・つ）
ชิ้น

棒状のもの
〜マーイ（〜串・本）
ไม้

ラーメンなど
〜チャーム（〜杯）
ชาม

瓶
〜クアット（〜本）
ขวด

鉛筆
テーン(グ)（〜本）
แท่ง

ペン
〜ダーム（〜本）
ด้าม

部屋
〜ホーン(グ)（〜部屋）
ห้อง

座席・注文数
〜ティー（〜人分）
ที่

皿
〜ジャーン（〜皿）
จาน

袋
〜トゥン(グ)（〜袋）
ถุง

市場や屋台で袋入りのおかずを買う時や、食堂で持ち帰りの箱に入れてもらう時によく使う。

箱
〜グロン(グ)（〜箱）
กล่อง

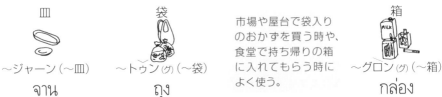

私は串焼き豚を5本買います・買いました

チャン	スー	ムー・ピン(グ)	ハー	マーイ
私	買う	串焼き豚	5	本
ฉัน	ซื้อ	หมูปิ้ง	5	ไม้

「ムーピン(グ)」はタイ人が
大好きな屋台料理の1つ。

僕は4冊本を読む・読んだ

ポム	アーン	ナン(グ)スー	シー	レム
僕	読む	本	4	冊
ผม	อ่าน	หนังสือ	4	เล่ม

いくつお菓子が欲しいですか（いりますか）?

アオ	カノム	ギー	チン
欲しい	お菓子	幾	個・切れ
เอา	ขนม	กี่	ชิ้น

1つください

（アオ）	ヌン(グ)	チン
（欲しい）	1	個・切れ
(เอา)	1	ชิ้น

> 「1+類別詞」のほかに、「1つだけでいいです」
> というような時は、「類別詞+ディアオ」を
> 使うこともある。
> 例：お菓子を1つ（だけ）ください
> 　　アオ　カノム　チン　ディアオ
> 例：串焼き豚を1本（だけ）ください
> 　　アオ　ムーピン(グ)　マイ　ディアオ

1人いくらですか?

コン	ラ	タオライ
人（類別詞）	つき	いくら
คน	ละ	เท่าไร

> 「1キロいくら?」「1人あたり5個です」などの
> 「…あたり・につき〜」と言う時は、**「類別詞+ラ」**。
> 市場では、野菜やマンゴーをキロ単位で売って
> いるので、「キーロー　ラ　タオライ?」（1キロ
> いくら?）という表現をよく使う。

＊数詞→162ページ

【豆知識】困った時は「アン」 อัน

どうしても類別詞が思い出せない時は、日本語の「〜個」「〜つ」にあたる
「アン」を使っても意味は通じます。ただし、「紙を5個持っている」「人が3つ
いる」のようにちょっと変なタイ語になることもあるので、少しずつ覚えてい
きましょう。

■ムー・ピン(グ) หมูปิ้ง 串焼き豚　■マーイ ไม้ 〜本（串の類別詞）　■レム เล่ม 〜冊（本の類別
詞）　■チン ชิ้น 〜個（お菓子の類別詞）　■ラ〜 ละ につき

この、その、あの ＋ 類別詞

| 名詞 ＋ 類別詞 ＋ ニー・ナン・ノーン | 「この / その / あの〜」 |

「この」「その」「あの」は 129 ページのように言いますが、「このカバン」「その犬」など特定のものを指す場合は、「〜個」「〜匹」といった類別詞を使います。

アオ　グラパオ　**バイ**　ニー
欲しい　カバン　**類別詞**　この
เอา　กระเป๋า　**ใบ**　นี้
　　　　　　　　　　　　　（このカバンが欲しいです）

ポム　チョープ　マー　**トゥア**　ナン
僕　好き　犬　**類別詞**　その
ผม　ชอบ　หมา　**ตัว**　นั้น
　　　　　　　　　　　　　（僕はその犬が好きです）

このマンゴー
（マンゴー全体を指している）

マムアン（グ）　ニー
マンゴー　この
มะม่วง　นี้

このマンゴー
（特定のマンゴーを指している）

マムアン（グ）　ルーク　ニー
マンゴー　（類別詞）　この
มะม่วง　ลูก　นี้

八百屋さんでマンゴーがたくさん並んでいて、「このマンゴーはいくらですか？」と、マンゴーの山を指す時は、単純に「マムアン（グ）　~~ルーク~~　ニー　タオライ」と言う。「このマンゴー」と 1 つの特定の物を指す時だけ類別詞が必要。

【豆知識】 「人」や「部屋」の類別詞は名詞と同じ形なので省く

この部屋

ホーン（グ）　~~ホーン（グ）~~　ニー
部屋　（類別詞）　この
ห้อง　~~ห้อง~~　นี้

僕はその人を愛している

ポム　ラック　コン　~~コン~~　ナン
僕　愛する　人　（類別詞）　その
ผม　รัก　คน　~~คน~~　นั้น

お店で服を買ってみよう！　◀096

自分が男性なら「クラップ」、女性なら「カ」を必ず文末につけましょう。

① これは何ですか？

② スカートです。

③ ズボンはありますか？

④ あります。
何色がいい（欲しい）ですか？

⑤ 水色がいい（欲しい）です。

⑥ このズボンは好きですか？

⑦ 好きではありません。
そのズボンはいくらですか？

⑧ 300 バーツです。

① ニー　アライ？　② グラプロン(グ)　③ ミー　ガン(グ)ケン(グ)　マイ？
④ ミー／アオ　シー　アライ？　⑤ アオ　シー・ファー
⑥ チョープ　ガン(グ)ケン(グ)　トゥア　ニー　マイ？
⑦ マイ　チョープ／ガン(グ)ケン(グ)　トゥア　ナン　タオライ？
⑧ サームローイ　バート

■グラプロン(グ)กระโปรง スカート　■ガン(グ)ケン(グ)กางเกง ズボン　■アオ เอา 要る・欲しい
■シー สี 色　■トゥア ตัว 体・衣服などの類別詞　■シー・ファー สีฟ้า 水色　■サームローイ
สามร้อย 300

17 メニューを見せてください

[〜ください]

「水をください」「写真を撮ってください」とお願いする時　◀097

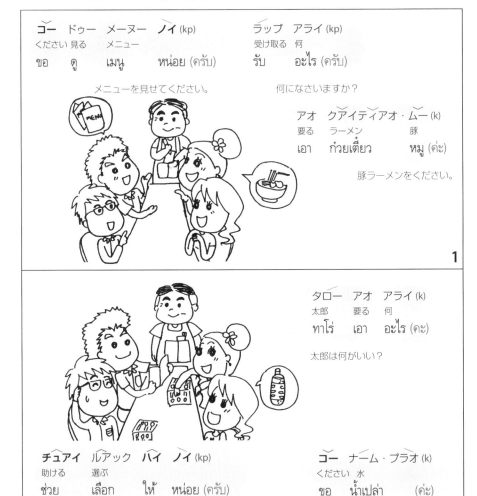

コー　ドゥー　メーヌー　ノイ (kp)
ください 見る　メニュー
ขอ　ดู　เมนู　หน่อย (ครับ)

メニューを見せてください。

ラップ　アライ (kp)
受け取る 何
รับ　อะไร (ครับ)

何になさいますか？

アオ　クアイティアオ・ムー (k)
要る　ラーメン　豚
เอา　ก๋วยเตี๋ยว　หมู (ค่ะ)

豚ラーメンをください。

1

タロー　アオ　アライ (k)
太郎　要る　何
ทาโร่　เอา　อะไร (คะ)

太郎は何がいい？

チュアイ　ルアック　ハイ　ノイ (kp)
助ける　選ぶ
ช่วย　เลือก　ให้　หน่อย (ครับ)

選んでくれる？

コー　ナーム・プラオ (k)
ください 水
ขอ　น้ำเปล่า　(ค่ะ)

水をください。

2

■ メヌー เมนู メニュー　■ ラップ รับ 受け取る（注文を受ける時に使う。「アオ　アライ」とも言うが、「ラップ」のほうが丁寧）　■ ムー หมู 豚　■ ルアック เลือก 選ぶ　■ ナーム・プラオ น้ำเปล่า 飲料水

「～をください」

コー + 名詞

「切符をください」「水をください」と何かが欲しい時は「コー」ขอ を使います。食堂などで注文する時は「アオ」（要る・欲しい）เอา を使うことが多いのですが、「取り皿をください」などとお願いする時は、「コー」のほうが丁寧です。文末に「カ」か「クラップ」をつけましょう。

お皿をください

コー	ジャーン
ください	皿
ขอ	จาน

「コー」の発音は下から上がる。

コー

水をください

コー	ナーム・プラオ
ください	水（飲料水）
ขอ	น้ำเปล่า

バンコク行きの切符をください

コー	トゥア	パイ	クルン(グ)テープ
ください	切符	行きの	バンコク
ขอ	ตั๋ว	ไป	กรุงเทพ

■ジャーン จาน 皿　■トゥア パイ～ ตั๋วไป ～行きの切符

「(私に) 〜させてください」

コー + 動詞〜 + ノイ

　「写真を撮らせてください」「手伝わせてください」と**自分**に何かさせてほしい場合は「コー」と動詞を組み合わせます。「コー」はあくまでも、「(私に) 行かせてください」「(私に) 見せてください」と**自分**がさせてもらう時に使います。

質問させてください

◀099

コー	ターム	ノイ
ください	質問する	
ขอ	ถาม	หน่อย

写真を撮らせてください (撮ってもいいですか？)

コー	ターイループ	ノイ	(ダイ マイ)
ください	写真を撮る		(いいですか)
ขอ	ถ่ายรูป	หน่อย	(ได้ไหม)

　「**ダイ マイ**」(いいですか？ できますか？)
をつけるとさらに丁寧になる。年配の人や
初対面の人にはつけるようにしよう。
　市場や屋台で写真を撮る前にこのように
声をかけるといい。笑顔も忘れずに。

■ノイ หน่อย 少し・ちょっと（上記のような場合は訳さなくていい。ノイを入れることで
丁寧な表現になる）■ターム ถาม 尋ねる・質問する

「～してください」

チュアイ + 動詞～ + ハイ＋ノイ

「～してください」と人にお願いする時は、「チュアイ」ช่วย を使います。「チュアイ」は「助ける」という動詞で、他の動詞と組み合わせると、「～するのを手伝う」となり、ニュアンス的には「～してください」という意味になります。

写真を撮ってください（撮ってくれますか？） ◀100

チュアイ	ターイループ	ハイ ノイ	（ダイ マイ）
助ける	写真を撮る		
ช่วย	ถ่ายรูป	ให้ หน่อย	(ได้ ไหม)

「ハイ」は省くこともある。　　もっと丁寧にするには「ダイ マイ」をつける。

訳してください（訳してくれますか？）

チュアイ	プレー	ハイ ノイ	（ダイ マイ）
助ける	訳す		
ช่วย	แปล	ให้ หน่อย	(ได้ ไหม)

お客さんや年配の方にはより丁寧な「カルナー」กรุณา を「チュアイ」の代わりに使う。

「～してください」「～してね」という文は、139ページのような言い方もある。文末には「カ」と「クラップ」を必ずつける。

練習

◀101

① スプーンをください。　　② 見せてください。

① コー　チョーン　　② コー　ドゥー　ノイ

■ハイ ให้ あげる・与える・～のために　■プレー แปล 訳す　■チョーン ช้อน スプーン

137

18 もっとゆっくり話して！

[〜しなさい！]

「食べなさい！」「行くな！」など命令する時は動詞を文頭に ◀102

プート　チャーチャー　ノイ (kp)
話す　　ゆっくり
พูด　　ช้าๆ　　　　　หน่อย (ครับ)

マイ　ルールアン(グ) ルーイ (kp)
　　　わかる
ไม่　รู้เรื่อง　　　　เลย　(ครับ)

ゆっくり話してよ。
まったくわからないよ。

1

タン(グ)ジャイ　ファン(グ)　シ
一生懸命する　　聞く
ตั้งใจ　　　ฟัง　　ซิ

ヤー　グロート　ナ (kp)
するな 怒る　　ね
อย่า　โกรธ　　นะ (ครับ)

一生懸命聞きなさいよ。　　　　　　　　　　　　　怒らないで。

2

■チャー ช้า ゆっくり・遅い・遅く　■ルールアン(グ) รู้ เรื่อง（内容が）分かる・理解する（「カオジャイ」より「内容を把握している」という意味になる）　■マイ〜ルーイ ไม่ เลย 〜まったく〜ない　■タン(グ)ジャイ ตั้งใจ 一生懸命する　■ファン(グ) ฟัง 聞く　■グロート โกรธ 怒る

「～しなさい！」

動詞～

命令する時には、動詞を文頭に持ってきます。日本語と同じで、口調で「食べて」「食べなさい！」などと変化をつけます。

食べなさい！

早く食べなさい！

◀103

ギン （シ）
食べる
กิน （ซิ）

ギン レオ レオ
食べる 早く早く
กิน เร็วๆ

文末に「シ」をつけると軽い命令になる。

「早く」「静かに」など副詞をつける場合は、2度繰り返すのが規則。

「～して」

動詞～ ＋ ハイ ノイ

文末に「ハイ ノイ」をつけると、「書いて」「教えて」というようにやわらかい命令・お願いになります。友達に何かをしてもらう時はこの表現で構いません。

タイ語を書いて（くれますか？）

◀104

キアン パーサー・タイ **ハイ ノイ** （ダイ マイ）
書く タイ語
เขียน ภาษาไทย ให้ หน่อย (ได้ไหม)

「ハイ」は省くこともある。

「**ダイ マイ**」をつけるともっと丁寧になる。

139

「〜するな！」

ヤー + 動詞〜

「そこへ行くな」「お菓子を食べるな」などと行動を禁止する時は、「ヤー」อย่า を動詞の前に入れます。

食べるな

◀105

ヤー	ギン
	食べる
อย่า	กิน

文末に「ナ」をつけると、「行かないでね」というようにやわらかくなる。「**ヤー 〜 ナ**」はよく使う表現。これで覚えておこう！
反対に、「シ」をつけると強い言い方になる。

一人で行くな（行かないでね）

ヤー	パイ	コンディアオ（ナ）
	行く	一人
อย่า	ไป	คนเดียว （นะ）

「ヤー」の代わりに「ハーム」ห้าม を使うと、「絶対に〜するな」という強い意味になる。
また、「ヤー」の前に「カルナー」กรุณา をつけると、「〜しないでください」ととても丁寧な表現になる。友達には使わない。

練習

◀106

① 明日僕がノックを迎えに行く。

② 忘れないでね。

①プルン (グ)ニー　ポム　ジャ　パイ　ラップ　ノック　　②ヤー　ルーム　ナ

■ルーム ลืม 忘れる

140

17・18章のまとめ

コー 名詞　　　　　　　　　　　　　　　　〜をください

| コー
ください
ขอ | ジャーン
皿
จาน | （お皿をください） |

チュアイ 動詞〜 ハイ ノイ　　　　　　　〜してください

| チュアイ
助ける
ช่วย | キアン
書く
เขียน | ハイ ノイ
ให้ หน่อย | （書いてください） |

コー 動詞〜 ノイ　　　　　　　　（私に）〜させてください

| コー
ください
ขอ | ドゥー
見る
ดู | ノイ
หน่อย | （見せてください） |

動詞〜　　　　　　　　　　　　　　　　　〜しなさい

| ドゥーン
歩く
เดิน | チャーチャー
ゆっくり・遅く
ช้าๆ | （ゆっくり歩きなさい） |

動詞〜 ハイ ノイ　　　　　　　　　　　〜して

| ソーン
教える
สอน | パーサー・タイ
タイ語
ภาษาไทย | ハイ ノイ
ให้ หน่อย | （タイ語を教えて） |

ヤー 動詞〜　　　　　　　　　　　　　　　〜するな！

| ヤー
อย่า | パイ
行く
ไป | （行くな） |

19 犬に咬まれた

โดน [〜される]

「虫に刺された」「母に叱られた」など「〜される / された」は、「ドーン」

1

ペン　アライ　ループラオ (kp)
เป็น อะไร หรือเปล่า (ครับ)
どうしたの？

2

ムアチャーオ　**ドーン**　マー　ガット (k)
今朝　　　　　される　犬　咬む
เมื่อเช้า โดน หมา กัด (ค่ะ)
今朝犬に咬まれたの。

3

シア　ジャイ　ドゥアイ (kp)
気の毒に・残念だ
เสีย ใจ ด้วย (ครับ)

パイ　ハー　モー　レーオ　ルーヤン (グ)(kp)
行く　探す　医師　もう
ไป หา หมอ แล้ว หรือยัง (ครับ)

気の毒に……。
もう医者に行った？

パイ　マー　レーオ (k)
行く　来る　もう
ไป มา แล้ว (ค่ะ)

ドーン　チートヤー (k)
される　注射する
โดน ฉีดยา (ค่ะ)

もう行ってきた。
注射された。

■ムアチャーオ เมื่อเช้า 今朝　■ガット กัด 咬む　■シアジャイ ドゥアイ เสียใจ ด้วย お気の毒に　■ハー หา 探す　■パイ ハー（人）ไป หา 〜（人）を訪ねる（「医者に行く」「友達に会いに行く」という時に使う）　■チートヤー ฉีดยา 注射する（ヤー＝薬）

142

「AはBに〜されます・されました」

A + ドーン + B + 動詞〜

「〜されます」は「ドーン」โดน を使います。タイ語で受身を使う時は、マイナスの意味のことが多いです。「恋人に映画へ誘われた」「彼は皆に好かれている」という場合は、「恋人が映画へ誘った」「皆は彼が好きだ」とストレートに表現します。

エミは母に叱られた　　　　　　　　　　　　◀108

エミ	**ドーン**	メー	ドゥ
エミ		母	叱る
เอมิ	โดน	แม่	ดุ

「ドーン」の代わりに「トゥーク」ถูก を使うこともあるけど、会話では「ドーン」のほうが一般的。

父は車にぶつかられました（交通事故に遭いました）

ポー	**ドーン**	ロット	チョン
父		車	ぶつかる
พ่อ	โดน	รถ	ชน

◀109

① どうしたの？

② 蚊に刺された
　（咬まれた）の……

① ペン　アライ　ルー プラオ？　　② ドーン　ユン(グ)　ガット

■ ドゥ ดุ 叱る　■ ユン(グ) ยุง 蚊

ナーオ
หนาว　→88ページ

タロー　ペン　コン　キーナーオ　ナ
ทาโร่　เป็น　คน　ขี้หนาว　นะ

→18・97ページ

1

ヤーク　パイ　ナームプローン　マイ(k)
อยาก　ไป　น้ำพุร้อน　ไหม (คะ)

→108ページ

ヤーク　パイ(kp)
อยาก　ไป (ครับ)

2

クーイ　パイ　ナームプローン　タイ　マイ(k)
เคย　ไป　น้ำพุร้อน　ไทย ไหม (คะ)

マイ　クーイ(kp)
ไม่　เคย (ครับ)

ミー　ラー(kp)
มี　เหรอ (ครับ)

ミー　イエッ(k)
มี　เยอะ (ค่ะ)

→72ページ　　→118ページ

3

ユー　ナイ(kp)
อยู่　ไหน (ครับ)

→122ページ

ユー　アムプー　サンカムペーン(グ)(k)
อยู่　อำเภอ　สันกำแพง　(ค่ะ)

パー　ボム　パイ　ノイ　ダイ　マイ(kp)
พา　ผม　ไป　หน่อย　ได้　ไหม (ครับ)

→104ページ

4

■ナーオ หนาว 寒い　■キーナーオ ขี้หนาว 寒がり　■ナームプローン น้ำพุร้อน 温泉　■イエッ
เยอะ たくさん（口語）　■アムプー อำเภอ 郡　■サンカムペーン(グ) สันกำแพง サンカムペーン
（地名・チェンマイ郊外）　■パー（人）パイ พาไป（人を）連れて行く

タイ北部の冬は意外と寒く、朝晩は 15 度以下になることも。北部には温泉が多く、お湯に入ったり、足湯をしたり、源泉で卵を茹でたり、公園でピクニックしたりして一日楽しむ。

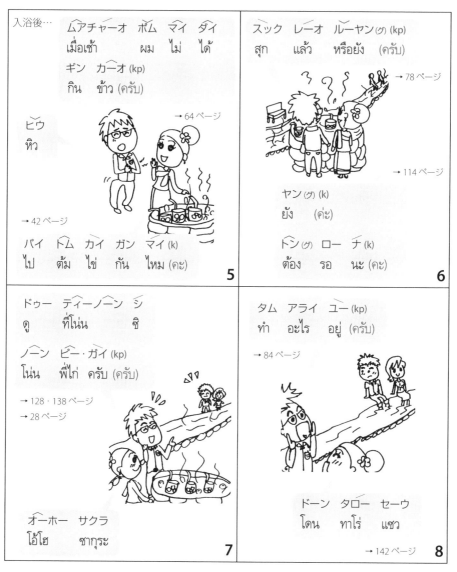

入浴後…

ムアチャーオ　ボム　マイ　ダイ
เมื่อเช้า　　ผม　ไม่　ได้

ギン　カーオ (kp)
กิน　ข้าว (ครับ)

ヒウ
หิว

→ 64 ページ

→ 42 ページ

パイ　トム　カイ　ガン　マイ (k)
ไป　ต้ม　ไข่　กัน　ไหม (คะ)

5

スック　レーオ　ルーヤン(グ) (kp)
สุก　แล้ว　หรือยัง (ครับ)

→ 78 ページ

→ 114 ページ

ヤン(グ) (k)
ยัง　　(ค่ะ)

トン(グ) ロー　ナ (k)
ต้อง　รอ　นะ (คะ)

6

ドゥー　ティーノーン　シ
ดู　ที่โน่น　　ซิ

ノーン　ピー・ガイ (kp)
โน่น　พี่ไก่ ครับ (ครับ)

→ 128 · 138 ページ
→ 28 ページ

オーホー　サクラ
โอ้โฮ　ซากุระ

7

タム　アライ　ユー (kp)
ทำ　อะไร　อยู่ (ครับ)

→ 84 ページ

ドーン　タロー　セーウ
โดน　ทาโร่　แซว

→ 142 ページ

8

■トム ต้ม 茹でる　■カイ ไข่ 卵　■スック สุก 熟す・火が通った　■セーウ แซว からかう

＊和訳は 148 ページ

1 〜 19 章のまとめ

◀111

これまでに覚えたタイ語を使って会話をしてみよう

1　こんにちは。
　　私の名前はノックです。

僕の名前はケンです。
お会いできて光栄です。　2

3　ケンさんはタイ語を話せますか？

少し話せます。　4

5　ケンさんはどこの人ですか？

僕は日本人です。　6

7　今タイにいますか？

いいえ。旅行で来ました。　8

9　ケンさんは大学生ですか？

① はい、そうです。
② いいえ。僕は教師です。　10

11　どこで ① 勉強していますか？
　　　　　② 働いていますか？

① ABC 大学で勉強しています。
② 東京で働いています。　12

13　兄弟はいますか？

① いません。
② 兄がいます。　14

■マー ティアオ มา เที่ยว 遊びに来る（旅行で来る）　■マハーウィタヤーライ มหาวิทยาลัย
大学

15 タイが好きですか？

大好きです。 16

17 どうしてですか？

タイ人は優しいからです。 18

19 ドリアンを食べたことがありますか？

ありません。ドリアンを食べたいです。 20

21 水上マーケットにはもう行きましたか？

まだです。 22

23 昨日、何をしましたか？

チャトチャック市場へ行ってきました。 24

25 明日は何をする予定ですか？

まだわかりません。（知りません） 26

27 私はお寺へ行くつもりです。
一緒に行きますか？

行きたいです。 28

＊解答は 148 ページ

■タラート・ナーム ตลาดน้ำ 水上マーケット　■タラート ナット・ジャトゥジャック
ตลาดนัดจตุจักร チャトチャック市場（バンコク）

【マンガを読んでみよう】

1 寒い〜／太郎は寒がり（な人）ね

2 温泉に行きたい？／行きたい

3 タイの温泉へ行ったことがある？／ない／あるの？／たくさんあるよ

4 どこにあるの？／サンカムペーン郡にあるわ／僕を連れて行ってくれる？

5 今朝、僕はご飯を食べなかった／お腹が空いた／卵を茹でに行く？

6 もう茹だった？（できた？）／まだ／待たないといけないね

7 あそこを見て／あれはガイ兄だよ／へー、さくら！

8 何しているの？／太郎にからかわれているわ

【練習の解答】

1 サワッディー／チャン　チュー　ノック

2 ポム　チュー　ケン／インディー　ティーダイ　ルーチャック

3 クンケン　プート　パーサー・タイ　ダイ　マイ？

4 プート　ダイ　ニットノイ

5 クンケン　ペン　コン　ティーナイ？

6 ポム　ペン　コン・イーブン

7 トーンニー　ユー　ムアン(グ)タイ　マイ？

8 マイ　ユー／マー　ティアオ

9 クンケン　ペン　ナック・スクサー　ループラオ？

10 ①チャイ

　　②マイ　チャイ／ポム　ペン　クルー

11 ①リアン　ティーナイ？

　　②タムンガーン　ティーナイ？

12 ①リアン　ティー　マハーウィタヤーライ ABC

　　②タムンガーン　ティー　トーキヤオ

13 ミー　ピーノーン(グ)　マイ？

14 ①マイ　ミー

　　②ミー　ピーチャーイ

15 チョープ　ムアン(グ)タイ　マイ？

16 チョープ　マーク

17 タムマイ？

18 プロッワー　コン・タイ　ジャイディー

19 クーイ　ギン　トゥリアン　マイ？

20 マイ　クーイ／ヤーク　ギン　トゥリアン

21 パイ　タラート・ナーム　レーオ　ルーヤン(グ)？

22 ヤン(グ)

23 ムアワーン　タム　アライ？

24 パイ　タラートナット・ジャトゥジャック　マー

25 プルン(グ)ニー　ジャ　タム　アライ？

26 ヤン(グ)　マイ　ルー

27 チャン　ジャ　パイ　ワット／パイ　ドゥアイ　ガン　マイ？

28 ヤーク　パイ

149

はい	いくら？	いつ？
カ（女）/ クラップ（男）	タオライ	ムアライ
ค่ะ ／ ครับ	เท่าไร	เมื่อไร

わかる / わからない	値下げしてくれる？	どこ？
カオジャイ / マイ カオジャイ	ロット ダイ マイ	ティーナイ
เข้าใจ ／ ไม่ เข้าใจ	ลด ได้ ไหม	ที่ไหน

気にしないで・大丈夫	見ているだけ（買い物）	何？
マイペンライ	ドゥー チュイチューイ	アライ
ไม่เป็นไร	ดู เฉยๆ	อะไร

ある？	できる（OK!）/ できない（ダメ！）	楽しい！
ミー マイ	ダイ / マイ ダイ	サヌック
มี ไหม	ได้ ／ ไม่ ได้	สนุก

ある / ない	好き	気持ちいい・らくちん
ミー / マイ ミー	チョープ	サバーイ
มี ／ ไม่ มี	ชอบ	สบาย

いる / いらない	そうです / 違います	きれい / かっこいい
アオ / マイ アオ	チャイ / マイ チャイ	スアイ / ロー
เอา ／ ไม่ เอา	ใช่ ／ ไม่ ใช่	สวย ／ หล่อ

どうぞ	おいしい	辛（から）い	良い / すごい
チューン	アロイ	ペット	ディー / スッヨート
เชิญ	อร่อย	เผ็ด	ดี ／ สุดยอด

～をください	会いたい	寂しい
コー～ / アオ～	キットゥン（グ）	ンガオ
ขอ ／ เอา	คิดถึง	เหงา

その他の表現

「AとB」「だけど」「だから」など

Aと（一緒に）	ガップA					がับ A

エミ	パイ	プーケット	**ガップ**	タロー	（エミは太郎とプーケットへ
エミ	行く	プーケット	～と	太郎	行きます）
เอมิ	ไป	ภูเก็ต	กับ	ทาโร่	「ガップ」の後は名詞

AとB	AガップB				A กับ B

エミ	チョープ	マー	**ガップ**	メーオ	（エミは犬と猫が好きです）
エミ	好む	犬	と	猫	
เอมิ	ชอบ	หมา	กับ	แมว	この場合、下の「レッ」も使えるが、会話では「ガップ」が主流

AとB／AとBとC…／と	AレッB／A BレッC／レッ				A และ B / A B และ C / และ

エミ	チョープ	マー	メーオ	**レッ**	ノック	（エミは犬と猫と
エミ	好む	犬	猫	と	鳥	鳥が好きです）
เอมิ	ชอบ	หมา	แมว	และ	นก	「ABC…」と3つ以上の場合は「レッ」を使う。「レッ」は最後の名詞の前につける

エミ	ペン	コン	スアイ	**レッ**	ジャイディー	（エミはきれいで
エミ		人	きれいな	と	優しい	優しい人です）
เอมิ	เป็น	คน	สวย	และ	ใจดี	「レッ」は名詞、動詞、形容詞をつなげることができる

しかし	テー				แต่

カオ	ルアイ	**テー**	キーニヤオ	（彼は金持ちだけどケチです）
彼	金持ちの	しかし	ケチな	
เขา	รวย	แต่	ขี้เหนียว	

AかB／AそれともB　　A ルー B　　　　　　　　　　A **หรือ** B

アオ	マム	アン(グ)	**ルー**	マン(グ)	クット	（マンゴーとマンゴスチン、
欲しい	マンゴー		それとも	マンゴスチン		どっちが欲しいですか？）
เอา	มะม่วง		หรือ	มังคุด		

パイ	**ルー**	マイ	パイ	（行きますか？　それとも行きませんか？）
行く	それとも	否定	行く	
ไป	หรือ	ไม่	ไป	

もし〜なら　　ター〜　　　　　　　　　　　　　　**ถ้า**

ター	フォン	トック	ポム	ジャ	マイ	パイ	（もし雨が降ったら
もし	雨	降る	僕			行く	僕は行きません）
ถ้า	ฝน	ตก	ผม	จะ	ไม่	ไป	

〜する（した）時　　ムア／トーン／ウェーラー　　**เมื่อ / ตอน / เวลา**

【ある時（短い期間）／将来（〜たら）】彼が来たら（来た時）、私は行きます（出かけます）

ムア	カオ	マー	チャン	ジャ	パイ
時	彼	来る	私		行く
เมื่อ	เขา	มา	ฉัน	จะ	ไป

【ある時（一定の期間）】僕が日本にいた時、僕はエミと知り合いました

トーン	ポム	ユー	(ティー)	イープン	ポム	ルーチャック	エミ
時	僕	いる	（〜に）	日本	僕	知り合う	エミ
ตอน	ผม	อยู่	(ที่)	ญี่ปุ่น	ผม	รู้จัก	เอมิ

＊「トーン」の代わりに「トーンティー」を使うこともある

【習慣（いつも）】僕は学校へ行く時、（いつも）僕は BTS を使います

ウェーラー	ポム	パイ	ローン(グ)リアン	ポム	チャイ	ビーティーエス
時	僕	行く	学校	僕	使う	BTS
เวลา	ผม	ไป	โรงเรียน	ผม	ใช้	BTS

＊ BTS ＝バンコクの高架鉄道

上記の例文はすべて左右を入れ替えられる

エミ	ラーン(グ)	ムー	**ゴーン**	ギン	カーオ	（エミはご飯を食べる
エミ	洗う	手	前	食べる	ご飯	前に手を洗います）
เอมิ	ล้าง	มือ	ก่อน	กิน	ข้าว	

エミ	ギン	カーオ	**ゴーン**	ティアン(グ)		（エミは正午前に
エミ	食べる	ご飯	前	正午		ご飯を食べます）
เอมิ	กิน	ข้าว	ก่อน	เที่ยง		

「ゴーン」の後は文でも名詞でもOK

エミ	ギン	カーオ	**ラン**(グ)	グラップ	バーン	（エミは帰宅した後で
エミ	食べる	ご飯	後	帰る	家	ご飯を食べます）
เอมิ	กิน	ข้าว	หลัง	กลับ	บ้าน	

エミ	ギン	カーオ	**ラン**(グ)	ティアン(グ)		（エミは正午以降に
エミ	食べる	ご飯	後	正午		ご飯を食べます）
เอมิ	กิน	ข้าว	หลัง	เที่ยง		

「ラン(グ)」の後は文でも名詞でもOK

ポー	オーク	ジャーク	バーン	フォン	**ゴ**	トック
するとすぐ	出る	～から	家	雨	～も	降る
พอ	ออก	จาก	บ้าน	ฝน	ก็	ตก

（家を出た途端雨が降ってきました）

ポー	カオジャイ	（なんとか理解できます）
なんとか	理解する	
พอ	เข้าใจ	

（これまでずっと）〜してきた　動詞〜＋マー＋（期間）　มา

ポム	リアン	パーリー・タイ	マー	ソーン(グ)	ピー
僕	勉強する	タイ語		2	年
ผม	เรียน	ภาษาไทย	มา	2	ปี

（僕は2年間タイ語を勉強してきました）

（時）から（〜以来）　タン(グ)テー〜　ตั้งแต่ 〜

ポム	リアン	タン(グ)テー	チャーオ
僕	勉強する	〜から	朝
ผม	เรียน	ตั้งแต่	เช้า

（僕は朝から勉強しています）

（時）まで　（ジョン）トゥン(グ)〜　(จน) ถึง 〜

ポム	リアン	トゥン(グ)	ティエン(グ)・クーン
僕	勉強する	〜まで	夜中
ผม	เรียน	ถึง	เที่ยงคืน

（僕は夜中まで勉強します）

（時）から（時）まで　タン(グ)テー〜（ジョン）トゥン(グ)〜　ตั้งแต่ 〜 (จน) ถึง 〜

ポム	リアン	タン(グ)テー	チャーオ	トゥン(グ)	ティエン(グ)・クーン
僕	勉強する	〜から	朝	〜まで	夜中
ผม	เรียน	ตั้งแต่	เช้า	ถึง	เที่ยงคืน

（僕は朝から夜中まで勉強します）

（場所）から（場所）まで　ジャーク〜トゥン(グ)〜　จาก 〜 ถึง 〜

チャン	ドゥーン	ジャーク	バーン	トゥン(グ)	タラート
私	歩く	〜から	家	〜まで	市場
ฉัน	เดิน	จาก	บ้าน	ถึง	ตลาด

（私は家から市場まで歩きます）

～するまで　ジョン　クワー　～（ジャ）　　　　（จน) กว่า ～ (จะ)

チャン	リアン	**ジョン**	**クワー**	メー	**ジャ**	マー
私	勉強する	～まで		母		来る
ฉัน	เรียน	จน	กว่า	แม่	จะ	มา

（私は母が来るまで勉強します）

なぜなら　プロッ（ワー）　　　　　　　　　　เพราะ (ว่า)

メー	ギン	ヤー	**プロッ**	マイ	サバーイ
母	飲む	薬	なぜなら		気分・体調が良い
แม่	กิน	ยา	เพราะ	ไม่	สบาย

（母は体調が良くないので薬を飲みます）

～だと思う　キット　ワー　　　　　　　　　　คิดว่า ～

ポム	**キット**	**ワー**	カオ	ペン	コン・イープン
僕	思う		彼		日本人
ผม	คิด	ว่า	เขา	เป็น	คนญี่ปุ่น

（僕は彼が日本人だと思います）

たとえ～でも　メー（ワー）～テー（ゴ）　　　แม้ (ว่า) ～ แต่(ก็)

メーワー	ラオ	ジョン	**テー**	**ゴ**	ミー	クワーム・スック
たとえ	私たち	貧乏な	しかし		ある	幸福
แม้ว่า	เรา	จน	แต่	ก็	มี	ความสุข

（私たちは貧乏だけど幸せです）

～しておく　動詞～＋ワイ　　　　　　　　　　ไว้

メー	スー	アーハーン	**ワイ**	（母は食べ物を買っておきます）
母	買う	料理・食べ物	～しておく	
แม่	ซื้อ	อาหาร	ไว้	

～より…だ	A 形容詞 クワー B			A～ กว่า B

ポム 僕	スーン(グ) (背が)高い	**クワー** より	エミ エミ	(僕はエミより背が高いです)
ผม	สูง	กว่า	เอมิ	

ポム 僕	アーユ 年齢	マーク 多い	**クワー** より	エミ エミ	(僕はエミより年上です)
ผม	อายุ	มาก	กว่า	เอมิ	

AはBより～する	A 動詞～ ＋ 副詞 ＋ クワー B			A กว่า B

ポム 僕	ウィン(グ) 走る	レオ 速い・速く	**クワー** より	エミ エミ	(僕はエミより速く走ります)
ผม	วิ่ง	เร็ว	กว่า	เอมิ	

ポム 僕	チョープ 好む	パッタイ タイ焼きそば	マーク 多く	**クワー** より	トムヤム トムヤム
ผม	ชอบ	ผัดไทย	มาก	กว่า	ต้มยำ

(僕はトムヤムよりパッタイが好きです)

＊タイ語の副詞は形容詞と同じ

Aは一番～です Aは一番～します	A ＋ ⎡ 形容詞 ⎣ 動詞 ＋ 副詞 ⎤ ＋ ティースット		ที่สุด

タロー 太郎	スーン(グ) (背が)高い	**ティースット** 一番	(太郎は一番背が高いです)
ทาโร่	สูง	ที่สุด	

タロー 太郎	ウィン(グ) 走る	レオ 速い・速く	**ティースット** 一番	(太郎は一番速く走ります)
ทาโร่	วิ่ง	เร็ว	ที่สุด	

ポー	**ガップ**	メー	アーユ	**タオガン**	（父と母は同い年です）
父	と	母	年齢	同じ	
พ่อ	กับ	แม่	อายุ	เท่ากัน	

ニー	**ガップ**	ナン	ラーカー	**タオガン**	（これとそれは同じ値段です）
これ	と	それ	値段	同じ	
นี่	กับ	นั่น	ราคา	เท่ากัน	

「同じ」には「ムアン（ガン）」เหมือน(กัน) という単語もある。
「タオガン」は面積や重さ、長さなど数量が同じ時に使い、
「ムアン（ガン）」は外見や味などが同じような時に使う。

例：僕と父は顔がそっくりだ

ポム	ガップ	ポー	ナー	ムアンガン
僕	と	父	顔	同じ
ผม	กับ	พ่อ	หน้า	เหมือนกัน

タイ語の発音

❖ 5 つの声調

タイ語には声調（音の高低・抑揚）が 5 種類あります。日本語でいえば、「飴」と「雨」、「咲く」と「裂く」のような音の違いです。

平声	低声	下声	高声	上声
アー	アー	アー	アー	アー
平らに おぼうさん	低い平らな音 ゴーン（鐘の音）	高音から低音へ おばあさん	高音をさらに高く えぇー!?（驚き）	低音から高音へ へぇー（そうなんだ）

発音がわからない時は、ちょっと大げさに
頭を動かして声に出して練習するといい。

❖ 末子音

末子音とは、音節の最後にある子音のことです。本書では「プート」（話す）の「ト」、「クラップ」の「プ」、「ポム」（僕）の「ム」にあたる部分です。以下のことに気をつけて発音しましょう。

・末子音が k, p, t
例　マーク（とても）　チョープ（好む）　プート（話す）
　本書では「ク」「プ」「ト」と表記していますが、実際には口の形は作っても音には出さずに「マーッ（ク）」「チョーッ（プ）」「プーッ（ト）」と止めます。日本人の耳には「チョー」としか聞こえない時もありますが、タイ人は「チョー（プ）」「チョー（ク）」「チョー（ト）」など音の違いを聞きわけているので、最後までしっかり口の形を作りましょう。

・末子音が m, n, ng
例　ポム（僕）　ギン（食べる）　ペーン（ グ）（値段が高い）
　本書では「ム」「ン」「ン（ グ）」と表記しています。実際は「ポ（ム）」（口を閉じる）、「ギ（ン）」（舌を上の前歯裏辺りにつける）、「ペーン（ グ）」（「ま**ん**が［漫画］と言うような音）というように、どれも鼻から抜ける音にします。

❖ 伸ばす音

　「カーオ」（ご飯）などの「ー」の部分はしっかり伸ばします。日本人の耳には短く「カオ」と聞こえていても、タイ人の耳は「カオ」と「カーオ」をしっかり区別しています。日本語で「おばさん」と「おばあさん」というような感覚です。音声を聞いて耳で慣れましょう。

❖ 母音

　母音は9個で、それぞれ長母音と短母音があります。

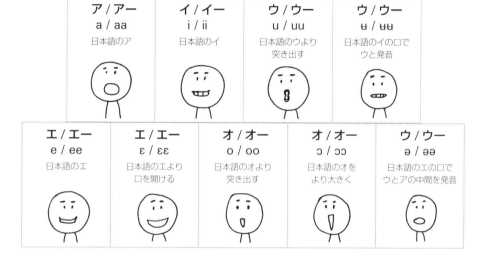

【豆知識】タイ文字

　タイ語をカタカナ表記にすると、どうしても表せない発音が出てきます。例えば、タイ語の「カ」には「カ」と「ガ」に近い音がありますし、「タ」も軽い音と強い音などの違いがあります。それを正確に発音するためには、やはりタイ文字を覚えるのがいいでしょう。

　タイ文字はくるくるしていて、見ただけではまったく想像がつかず、「こんな文字は絶対に覚えられない！」と思うかもしれませんが、意外と簡単。子音の42文字と母音さえ覚えてしまえば、とりあえず読めてしまうのです。

　例えば、「マー」（来る）という単語はローマ字で書けば、「maa」。タイ語の「m」は「ม」、「aa」は「า」だから、「มา」となります。これに声調などがつきますが、タイ語を話せるようになってきたら挑戦してみてはいかがでしょうか。

単語リスト：家族構成

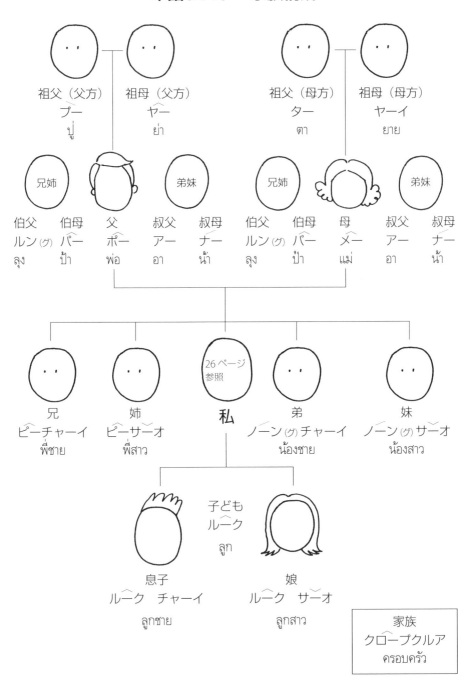

祖父（父方）
プー
ปู่

祖母（父方）
ヤー
ย่า

祖父（母方）
ター
ตา

祖母（母方）
ヤーイ
ยาย

兄姉
伯父
ルン(グ)
ลุง

伯母
パー
ป้า

父
ポー
พ่อ

弟妹
叔父
アー
อา

叔母
ナー
น้า

兄姉
伯父
ルン(グ)
ลุง

伯母
パー
ป้า

母
メー
แม่

弟妹
叔父
アー
อา

叔母
ナー
น้า

兄
ピーチャーイ
พี่ชาย

姉
ピーサーオ
พี่สาว

26 ページ
参照
私

弟
ノーン(グ)チャーイ
น้องชาย

妹
ノーン(グ)サーオ
น้องสาว

子ども
ルーク
ลูก

息子
ルーク　チャーイ
ลูกชาย

娘
ルーク　サーオ
ลูกสาว

家族
クロープクルア
ครอบครัว

その他の家族関係

孫／甥・姪	ラーン	หลาน
孫息子／甥	ラーン　チャーイ	หลานชาย
孫娘／姪	ラーン　サーオ	หลานสาว
いとこ	ルークピールークノーン(グ)	ลูกพี่ลูกน้อง
夫の父	ポー　サーミー	พ่อสามี
夫の母	メー　サーミー	แม่สามี
妻の父	ポー　ター	พ่อตา
妻の母	メー　ヤーイ	แม่ยาย
義娘	ルーク　サパイ	ลูกสะใภ้
娘婿	ルーク　クーイ	ลูกเขย
義兄	ピー　クーイ	พี่เขย
義姉	ピー　サパイ	พี่สะใภ้
義弟	ノーン(グ)　クーイ	น้องเขย
義妹	ノーン(グ)　サパイ	น้องสะใภ้
夫	サーミー	สามี
妻	パンラヤー	ภรรยา
夫婦	サーミーパンラヤー	สามีภรรยา
一番上の子	ルーク　コン　トー	ลูกคนโต
真ん中の子	ルーク　コン　グラーン(グ)	ลูกคนกลาง
末っ子	ルーク　コン　レック	ลูกคนเล็ก
兄弟姉妹	ピー　ノーン(グ)	พี่น้อง
両親	ポー　メー	พ่อแม่
祖父母	プーヤーターヤーイ	ปู่ย่าตายาย
曾祖父母	トゥアット	ทวด
先祖	バンパブルット	บรรพบุรุษ
親戚	ヤート	ญาติ

男性には「チャーイ」、女性には「サーオ」、年上には「ピー」、年下には「ノーン(グ)」という言葉がつくことが多い。

「恋人」という意味の「フェーン」แฟน を使う人もいる。「プア（旦那）ผัว」「ミア（嫁）เมีย」と言うことも。

【知っていると覚えやすい】
■コン คน 人　■トー โต 大きい　■グラーン(グ) กลาง 真ん中　■レック เล็ก 小さい

161

時間いろいろ　ウェーラー เวลา

時間	ウェーラー	เวลา
時	モーン(グ)	โมง
分	ナーティー	นาที
秒	ウィナーティー	วินาที
～時間	～チュア モーン(グ)	ชั่วโมง
半分	クルン(グ)	ครึ่ง
半時間	クルン(グ) チュア モーン(グ)	ครึ่งชั่วโมง
半日	クルン(グ) ワン	ครึ่งวัน
終日	タン(グ) ワン	ทั้งวัน
午前 (早い午前・6時頃～)	トーン チャーオ	ตอนเช้า
午前 (遅い午前・9時頃～)	トーン サーイ	ตอนสาย
正午	ティエン(グ)	เที่ยง
午後 (早い午後・15時ぐらいまで)	トーン バーイ	ตอนบ่าย
夕方	トーン イェン	ตอนเย็น
午後 (夕暮れ～夜)	トーン カム	ตอนค่ำ
午後 (深夜)	トーン ドゥック	ตอนดึก
真夜中	ティエン(グ) クーン	เที่ยงคืน
時計	ナリカー	นาฬิกา
腕時計	ナリカー コームー	นาฬิกาข้อมือ
目覚まし時計	ナリカー プルック	นาฬิกาปลุก

数　レーク เลข

0	スーン	ศูนย์
1	ヌン(グ)	หนึ่ง
2	ソーン(グ)	สอง
3	サーム	สาม
4	シー	สี่
5	ハー	ห้า
6	ホック	หก
7	チェット	เจ็ด
8	ペート	แปด
9	ガーオ	เก้า
10	シップ	สิบ
11	シップ エット	สิบเอ็ด
12	シップ ソーン(グ)	สิบสอง
20	イーシップ	ยี่สิบ
21	イーシップ エット	ยี่สิบเอ็ด
22	イーシップ ソーン(グ)	ยี่สิบสอง
30	サームシップ	สามสิบ
40	シーシップ	สี่สิบ
50	ハーシップ	ห้าสิบ
60	ホックシップ	หกสิบ
70	チェットシップ	เจ็ดสิบ
80	ペートシップ	แปดสิบ
90	ガーオシップ	เก้าสิบ
100	ヌン(グ) ローイ	หนึ่งร้อย
1000	ヌン(グ) パン	หนึ่งพัน
2000	ソーン(グ) パン	สองพัน
1万	ヌン(グ) ムーン	หนึ่งหมื่น
10万	ヌン(グ) セーン	หนึ่งแสน
100万	ヌン(グ) ラーン	หนึ่งล้าน

今何時？

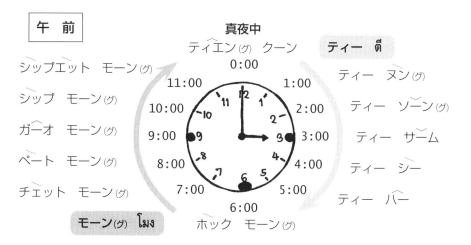

真夜中
ティエン(グ)　クーン
0:00

ティー　ดี

シップエット　モーン(グ)
シップ　モーン(グ)
ガーオ　モーン(グ)
ペート　モーン(グ)
チェット　モーン(グ)

ティー　ヌン(グ)
ティー　ソーン(グ)
ティー　サーム
ティー　シー
ティー　ハー

モーン(グ)　โมง

ホック　モーン(グ)

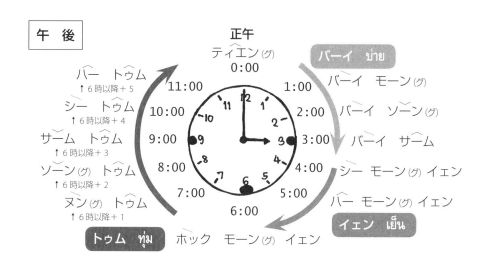

午　後

正午
ティエン(グ)
0:00

バーイ　บ่าย

ハー　トゥム
↑6時以降＋5
シー　トゥム
↑6時以降＋4
サーム　トゥム
↑6時以降＋3
ソーン(グ)　トゥム
↑6時以降＋2
ヌン(グ)　トゥム
↑6時以降＋1

バーイ　モーン(グ)
バーイ　ソーン(グ)
バーイ　サーム
シー　モーン(グ)　イエン
ハー　モーン(グ)　イエン

イエン　เย็น

トゥム　ทุ่ม

ホック　モーン(グ)　イエン

今、何時ですか？	午後6時です。	（午前）8時半です。
トーンニー　ギー　モーン(グ)	ホック　モーン(グ)イエン	ペート　モーン(グ)　クルン(グ)
今　　　　何時	6　　　時	8　　　時　　　半分
ตอนนี้　กี่　โมง	6　　โมง　　เย็น	8　　โมง　　ครึ่ง

163

日 ワン วัน

今日	ワン ニー	วันนี้
明日	プルン(ｸ) ニー	พรุ่งนี้
昨日	ムアワーン (ニー)	เมื่อวาน(นี้)
一昨日	ワーン スーン	วานซืน
明後日	マルーン ニー	มะรืนนี้
毎日	トゥック ワン	ทุกวัน
1日おき	ワン ウェン ワン	วันเว้นวัน
～日間	～ ワン	～ วัน
～日前	～ ワン ゴーン	～ วันก่อน
	(～ワンティーレーオ)	～ วันที่แล้ว
後～日	イーク ～ ワン	อีก ～ วัน

週 アーティット อาทิตย์

今週	アーティット ニー	อาทิตย์นี้
来週	アーティット ナー	อาทิตย์หน้า
先週	アーティット ゴーン	อาทิตย์ก่อน
	(アーティット ティー レーオ)	อาทิตย์ที่แล้ว
毎週	トゥック アーティット	ทุกอาทิตย์
～週間	～アーティット	～ อาทิตย์
～週前	～アーティット ゴーン	～ อาทิตย์ก่อน
	(～アーティット ティー レーオ)	～ อาทิตย์ที่แล้ว
後～週	イーク ～ アーティット	อีก ～ อาทิตย์

* 「週」は「サバダー สัปดาห์」とも言う。

月 ドゥアン เดือน

今月	ドゥアン ニー	เดือนนี้
来月	ドゥアン ナー	เดือนหน้า
先月	ドゥアン ゴーン	เดือนก่อน
	(ドゥアン ティー レーオ)	เดือนที่แล้ว
毎月	トゥック ドゥアン	ทุกเดือน
～か月間	～ ドゥアン	～ เดือน
～か月前	～ ドゥアン ゴーン	～ เดือนก่อน
	(～ドゥアン ティー レーオ)	～ เดือนที่แล้ว
後～か月	イーク ～ ドゥアン	อีก ～ เดือน

年 ピー ปี

今年	ピー ニー	ปีนี้
来年	ピー ナー	ปีหน้า
去年	ピー ゴーン	ปีก่อน
	(ピー ティー レーオ)	ปีที่แล้ว
毎年	トゥックピー	ทุกปี
～年間	～ピー	～ ปี
～年前	～ピー ゴーン	～ ปีก่อน
	(～ピー ティー レーオ)	～ ปีที่แล้ว
後～年	イーク ～ ピー	อีก ～ ปี
仏暦	ポーソー	พ.ศ.
西暦	コーソー	ค.ศ.

*タイでは仏暦を使っている。
　西暦＝仏暦－543年
　例：仏暦2566年－543＝西暦2023年

【知っていると覚えやすい】
■ニー นี้ これ・この　■ナー หน้า 前・正面　■ゴーン ก่อน ～以前・前　■トゥック ทุก 每～　■イーク
อีก 後～

164

曜日　ワン วัน

月曜	ワン　ジャン	วันจันทร์
火曜	ワン　アン(グ)カーン	วันอังคาร
水曜	ワン　プット	วันพุธ
木曜	ワン　パルハットサボディー	
		วันพฤหัสบดี
金曜	ワン　スック	วันศุกร์
土曜	ワン　サオ	วันเสาร์
日曜	ワン　アーティット	วันอาทิตย์
平日	ワン　タマダー	วันธรรมดา
休日	ワン　ユット	วันหยุด

12か月　ドゥアン เดือน

1月	マッカラーコム	มกราคม
2月	グムパーパン	กุมภาพันธ์
3月	ミーナーコム	มีนาคม
4月	メーサーヨン	เมษายน
5月	プルッサパーコム	พฤษภาคม
6月	ミトゥナーヨン	มิถุนายน
7月	ガラカダーコム	กรกฎาคม
8月	シン(グ)ハーコム	สิงหาคม
9月	ガンヤーヨン	กันยายน
10月	トゥラーコム	ตุลาคม
11月	プルッサジガーヨン	พฤศจิกายน
12月	タンワーコム	ธันวาคม

その他の時を表す言葉

今晩	クーン　ニー	คืนนี้
昨晩	ムア　クーン	เมื่อคืน
毎朝	トゥック　チャーオ	ทุกเช้า
毎夕	トゥック　イェン	ทุกเย็น
毎晩	トゥック　クーン	ทุกคืน
毎〜	トゥック　〜	ทุก〜
今度	クラウ　ナー	คราวหน้า
	ワン　ラン(グ)	วันหลัง
	オカート　ナー	โอกาสหน้า
さっき	ムアギー	เมื่อกี้
先日	ワン　ゴーン	วันก่อน
	クラウゴーン	คราวก่อน
このごろ	チュアン(グ)ニー	ช่วงนี้
今・現在	トーン　ニー	ตอนนี้
	ディアオ　ニー	เดี๋ยวนี้
春	ルドゥー バイマーイプリ	
		ฤดูใบไม้ผลิ
夏*	ルドゥー　ローン	ฤดูร้อน
秋	ルドゥー バイマーイルアン(グ)	
		ฤดูใบไม้ร่วง
冬*	ルドゥー　ナーオ	ฤดูหนาว
雨季*	ルドゥー　フォン	ฤดูฝน
乾季*	ルドゥー　レーン(グ)	ฤดูแล้ง
新年	ピー　マイ	ปีใหม่

＊会話では「ルドゥー」の代わりに「ナー หน้า」を使う
　こともある。例：夏　ナーローン

ひと月に 30 日ある月は「ヨン」、
31 日ある月は「コム」で終わるよ。

施設いろいろ

幼稚園	ローン(グ)リアン・アヌバーン	โรงเรียนอนุบาล
託児所	サターン・ラップ・リアン(グ)デック	สถานรับเลี้ยงเด็ก
小学校	ローン(グ)リアン・プラトム	โรงเรียนประถม
中学校	ローン(グ)リアン・マタヨム・トン	โรงเรียนมัธยมต้น
高校	ローン(グ)リアン・マタヨム・プラーイ	โรงเรียนมัธยมปลาย
大学	マハーウィタヤーライ	มหาวิทยาลัย
専門学校	ローン(グ)リアン・アーチワ	โรงเรียนอาชีวะ
県庁	サーラークラーン(グ)	ศาลากลาง
市役所	アムプー	อำเภอ
郡役所	オーボートー	อบต.
大使館	サターントゥート	สถานทูต
領事館	ゴン(グ)スン	กงสุล
警察署	サターニー・タムルアット	สถานีตำรวจ
消防署	サターニー・ダップ　プルーン(グ)	สถานีดับเพลิง
病院	ローン(グ)・パヤーバーン	โรงพยาบาล
会社	ボリサット	บริษัท
出版社	サムナックピム	สำนักพิมพ์
テレビ局	サターニー・トラタット	สถานีโทรทัศน์
事務所	サムナックンガーン	สำนักงาน
工場	ローン(グ)ンガーン	โรงงาน

寺	ワット	วัด
教会	ボート	โบสถ์
モスク	マスイット	มัสยิด
ホテル	ローン(グ)レーム	โรงแรม
ゲストハウス	ゲス(ト)ハウ(ス)	เกสท์เฮ้าส์
店	ラーン	ร้าน
レストラン	ラーン・アーハーン	ร้านอาหาร
パブ	パップ	ผับ
カフェ	ラーン・カーフェー	ร้านกาแฟ
デパート	ハーン(グ)	ห้าง
スーパー	スッパーマーケット	ซุปเปอร์มาร์เก็ต
コンビニ	ラーン・サドゥアックスー	ร้านสะดวกซื้อ
セブンイレブン	セーウン	เซเว่น
市場	タラート	ตลาด
定期市	タラート・ナット	ตลาดนัด
博物館	ピピタパン	พิพิธภัณฑ์
美術館	ホーシン	หอศิลป์
動物園	スアンサット	สวนสัตว์
映画館	ロン(グ)・ナン(グ)	โรงหนัง
遊園地	スアンサヌック	สวนสนุก
プール	サッ・ワーイナーム	สระว่ายน้ำ
銀行	タナーカーン	ธนาคาร
両替所	ティーレーク・ングン	ที่แลกเงิน
郵便局	プライサニー	ไปรษณีย์
美容院	ラーン・ズームスアイ	ร้านเสริมสวย
床屋	ラーン・タット・ポム	ร้านตัดผม
花屋	ラーン・ドークマーイ	ร้านดอกไม้
本屋	ラーン・ナン(グ)スー	ร้านหนังสือ

酒屋	ラーン・ラオ	ร้านเหล้า
ラーメン屋	ラーン・クアイティアオ	ร้านก๋วยเตี๋ยว
～修理屋	ラーン・ソム～	ร้านซ่อม ～
洋裁店	ラーン・タット・スーア	ร้านตัดเสื้อ
農業	ガーン・ガセート	การเกษตร
漁業	プラモン (g)	ประมง
工業	ウッサーハガム	อุตสาหกรรม
工業団地	ニコム・ウッサーハガム	นิคมอุตสาหกรรม

自動車	ロット（ヨン）	รถ(ยนต์)
自転車	ジャガヤーン	จักรยาน
人力車	サームロー	สามล้อ
トゥクトゥク	トゥック・トゥック	ตุ๊กตุ๊ก
ソンテーオ*	ソーン (g) テーオ	สองแถว
タクシー	テクシー	แท็กซี่
列車	ロット・ファイ	รถไฟ
地下鉄	ロット・ファイ・タイディン	รถไฟใต้ดิน
BTS	ビーティーエス	BTS
バス（市内）	ロット・メー	รถเมล์
（長距離）	ロット・トゥア	รถทัวร์
バン	ロット・トゥー	รถตู้
トラック	ロット・バントゥック	รถบรรทุก
バイク	モータサイ	มอเตอร์ไซค์
飛行機	クルアン (g) ビン	เครื่องบิน
船	ルア	เรือ
バス停（市内）	パーイ・ロット・メー	ป้ายรถเมล์
（長距離）	サターニー・コンソン (g)	สถานีขนส่ง
駅	サターニー・ロット・ファイ	สถานีรถไฟ
船着き場	タールア	ท่าเรือ
空港	サナーム・ビン	สนามบิน
国際線	サーイ・ターン (g) プラテート	สายต่างประเทศ
国内線	サーイ・ナイプラテート	สายในประเทศ

*ピックアップトラックを改造した乗合タクシー。チェンマイなどを走っている

体　ラーン(グ)ガーイ　ร่างกาย

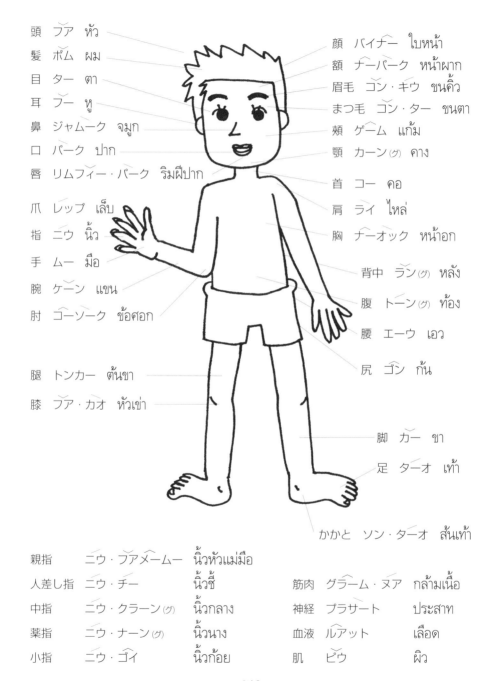

頭　フア　หัว
髪　ポム　ผม
目　ター　ตา
耳　フー　หู
鼻　ジャムーク　จมูก
口　パーク　ปาก
唇　リムフィー・パーク　ริมฝีปาก

爪　レップ　เล็บ
指　ニウ　นิ้ว
手　ムー　มือ
腕　ケーン　แขน
肘　コーソーク　ข้อศอก

腿　トンカー　ต้นขา
膝　フア・カオ　หัวเข่า

顔　バイナー　ใบหน้า
額　ナーパーク　หน้าผาก
眉毛　コン・キウ　ขนคิ้ว
まつ毛　コン・ター　ขนตา
頬　ゲーム　แก้ม
顎　カーン(グ)　คาง

首　コー　คอ
肩　ライ　ไหล่
胸　ナーオック　หน้าอก

背中　ラン(グ)　หลัง
腹　トーン(グ)　ท้อง
腰　エーウ　เอว

尻　ゴン　ก้น

脚　カー　ขา
足　ターオ　เท้า

かかと　ソン・ターオ　ส้นเท้า

親指　　　ニウ・フアメームー　นิ้วหัวแม่มือ
人差し指　ニウ・チー　　　　นิ้วชี้
中指　　　ニウ・クラーン(グ)　นิ้วกลาง
薬指　　　ニウ・ナーン(グ)　นิ้วนาง
小指　　　ニウ・ゴイ　　　　นิ้วก้อย

筋肉　グラーム・ヌア　กล้ามเนื้อ
神経　プラサート　ประสาท
血液　ルアット　เลือด
肌　ピウ　ผิว

168

病気・症状など　ロ⌒ーク โรค

日本語	カタカナ	タイ語
インフルエンザ	カ⌒イ・ワ⌒ット・ヤイ	ไข้หวัดใหญ่
風邪	ペ⌒ン　ワ⌒ット	เป็นหวัด
癌	マレン(グ)	มะเร็ง
狂犬病	ロ⌒ーク・ピ⌒ット・スナック・バ⌒ー	โรคพิษสุนัขบ้า
傷	プレ⌒ー	แผล
くしゃみ	ジャーム	จาม
薬	ヤー	ยา
下痢	ト⌒ーン(グ)ル⌒ア⌒ン(グ)	ท้องร่วง
高血圧	クワームダン・ル⌒ア⌒ット・ス⌒ーン(グ)	ความดันเลือดสูง
骨折	グラド⌒ゥーク ハ⌒ック	กระดูกหัก
痔	リットシ⌒ー ド⌒ゥアン(グ)	ริดสีดวง
しみ	グラッ	กระ
手術	パ⌒ータット	ผ่าตัด
白髪	ポ⌒ム・ンゴ⌒ーク	ผมหงอก
しわ	リウロ⌒ーイ	ริ้วรอย
整形	サンヤガム	ศัลยกรรม
生理	プラジャム・ド⌒ゥアン	ประจำเดือน
食欲がない	ブア アーハ⌒ーン	เบื่ออาหาร
頭痛	プアット フ⌒ア	ปวดหัว
咳	アイ	ไอ

日本語	カタカナ	タイ語
赤痢	ロ⌒ーク・ビ⌒ット	โรคบิด
痰	セ⌒ムハッ	เสมหะ
デング熱	カ⌒イ・ル⌒アット・オ⌒ーク	ไข้เลือดออก
糖尿病	バオワ⌒ーン	เบาหวาน
にきび	シ⌒ウ	สิว
妊娠している	ト⌒ーン(グ)	ท้อง
熱がある	ミ⌒ー　カ⌒イ	มีไข้
喉が痛い	ジェ⌒ップ　コ⌒ー	เจ็บคอ
肺炎	ボ⌒ート ブ⌒アム	ปอดบวม
鼻水	ナ⌒ーム・ム⌒ーク	น้ำมูก
腹痛	プ⌒アット ト⌒ーン(グ)	ปวดท้อง
便秘	ト⌒ーン(グ) ブ⌒ーク	ท้องผูก
マラリア	マ⌒ーラ⌒ーリア	มาลาเรีย
虫歯	ファン　プ	ฟันผุ
ウイルス	ワイラ⌒ス	ไวรัส
ワクチン	ワックシ⌒ーン	วัคซีน
予防接種をする	チ⌒ート　ワ⌒ックシ⌒ーン	ฉีดวัคซีน

痛い [プ⌒アット ปวด（主に内部の痛み）
　　　 ジェ⌒ップ เจ็บ（主に外部の痛み）
例：プ⌒アット フ⌒ア（頭痛がする）
　　ジェ⌒ップ フ⌒ア（ケガなどをして頭が痛い）

色　シー สี

白色	シーカーオ	สีขาว
黒色	シーダム	สีดำ
赤色	シーデーン (グ)	สีแดง
黄色	シールアン (グ)	สีเหลือง
青色	シーナムングン	สีน้ำเงิน
桃色	シーチョムプー	สีชมพู
橙色	シーソム	สีส้ม
緑色	シーキヤオ	สีเขียว
水色	シーファー	สีฟ้า
茶色	シーナムターン	สีน้ำตาล
紫色	シームアン (グ)	สีม่วง

味・食感　ロットチャート รสชาด

熱い	ローン	ร้อน
温かい	ウン	อุ่น
冷たい	イェン	เย็น
甘い	ワーン	หวาน
苦い	コム	ขม
辛い	ペット	เผ็ด
酸っぱい	プリアオ	เปรี้ยว
しょっぱい	ケム	เค็ม
硬い	ケン (グ)	แข็ง
軟らかい	ヌム	นุ่ม
かりっとした	グロープ	กรอบ
香りの良い	ホーム	หอม
臭い	メン	เหม็น
淡白な	ジュート	จืด
濃厚な	ケムコン	เข้มข้น
こってりした	マン	มัน
新鮮な	ソット	สด
生の	ディップ	ดิบ
熟した	スック	สุก
まろやかな	グロムグロム	กลมกล่อม
渋い	ファート	ฝาด

＊「軟らかい」は「ニム」という単語もあるが、食感には
「ヌム」を使う。食べ物に「ニム」を使うと、腐ったり、
熟れすぎていて軟らかいというような意味になる。

この本に出てきた単語

アーティットナー	อาทิตย์หน้า	来週
アーハーン	อาหาร	料理
アーハーン・イープン	อาหารญี่ปุ่น	日本料理
アーハーン・タイ	อาหารไทย	タイ料理
アープ	อาบ	浴びる
アープナーム	อาบน้ำ	シャワーを浴びる
アーユ	อายุ	年齢
アーン	อ่าน	読む
アオ	เอา	要る・欲しい
アオ～パイ	เอา～ไป	～を持って行く
アムプー	อำเภอ	郡
アユタヤー	อยุธยา	アユタヤ
アライ	อะไร	何
アライ ゴ ダイ	อะไรก็ได้	何でも良い
アロイ	อร่อย	おいしい
イープン	ญี่ปุ่น	日本
イェッ	เยอะ	たくさん
イェンニー	เย็นนี้	今晩
イム	อิ่ม	満腹な
インディー	ยินดี	嬉しい
ウアン	อ้วน	太い
ウィセート	วิเศษ	素晴らしい・最高
ウィン(グ)	วิ่ง	走る
ウェーラー	เวลา	時間
エー	แอร์	エアコン
オーク	ออก	出る・出発する
オーホー	โอ้โฮ	「へえ」
カーオ	ข้าว	ご飯・米
カーフェー	กาแฟ	コーヒー
カイ	ไข่	卵
カオ	เขา	彼
カオ	เค้า	彼女
カオジャイ	เข้าใจ	理解する・わかる
ガット	กัด	咬む
カップ	ขับ	運転する
ガップ	กับ	～と
カヌム	ขนม	菓子
カヌム・タイ	ขนมไทย	タイ菓子
ガン	กัน	互いに・一緒に
ガン(グ)ケン(グ)	กางเกง	ズボン
キアン	เขียน	書く
キー	ขี่	乗る
ギー（アン）	กี่ (อัน)	何（個）
キーグルア	ขี้กลัว	怖がり
キーナーオ	ขี้หนาว	寒がり
ギーモン(グ)	กี่ โมง	何時
ギン	กิน	食べる・飲む
クアイティアオ	ก๋วยเตี๋ยว	ラーメン
クライ	ใคร	誰
グラップ	กลับ	帰る・戻る
クラトン(グ)	กระทง	灯籠
グラパオ	กระเป๋า	カバン
グラプロン(グ)	กระโปรง	スカート
グリート	กรี๊ด	「キャー」
クルアン(グ)ビン	เครื่องบิน	飛行機
クルー	ครู	先生
クルン(グ)テープ	กรุงเทพฯ	バンコク
グレン(グ)ジャイ	เกรงใจ	遠慮する
グロート	โกรธ	怒る
クン	คุณ	あなた／～さん
グン	เกิน	～過ぎる
グン パイ	เกิน ไป	～過ぎる

171

ゲーン	แขน	腕
ゲーン(ク) キヤオ・ワーン	แกงเขียวหวาน	グリーンカレー
ゲン(ク)	เก่ง	上手な・に
ゴ	ก็	～も
ゴ ディー	ก็ดี	「それもいいですね」
コン	คน	人
コン・イーブン	คนญี่ปุ่น	日本人
コン・タイ	คนไทย	タイ人
コン(ク)～	ของ	～の
コン(ク) クワン	ของขวัญ	プレゼント
コンディアオ	คนเดียว	一人で
サームローイ	สามร้อย	300
サイバート	ใส่บาตร	僧に食べ物を喜捨する
サバーイ	สบาย	気持ちいい・楽な
サワーン(ク)	สว่าง	明るい
サワッディー	สวัสดี	こんにちは
サンカムペーン(ク)	สันกำแพง	サンカムペーン
シアジャイ ドゥアイ	เสียใจ ด้วย	お気の毒に
シー	สี	色
シーデーン(ク)	สีแดง	赤色
ジープ	จีบ	口説く
シーファー	สีฟ้า	水色
ジェップ	เจ็บ	痛い
ジャーン	จาน	皿
ジャイディー	ใจดี	親切な
ジャン(ク)	จัง	すごく（口語）
ジュー	เจอ	会う
ジョーン(ク)	จอง	予約する
スアイ	สวย	美しい・きれいな
スー	ซื้อ	買う
スーシ	ซูชิ	寿司
スコータイ	สุโขทัย	スコータイ
スック	สุก	熟す・火が通った
セーウ	แซว	からかう
ソーン	สอน	教える
ソーン(ク) ローイ	สองร้อย	200
ソムタム	ส้มตำ	パパイヤサラダ
ソン(ク) クラーン	สงกรานต์	ソンクラーン（タイ正月）
ターイループ	ถ่ายรูป	写真を撮る
タ－ム	ถาม	尋ねる・質問する
ターンガン	ถ้างั้น	それなら
タイ	ไทย	タイ
ダイ	ได้	機会を得る
タオライ	เท่าไร	どれくらい
タナーカーン	ธนาคาร	銀行
タム	ทำ	する・作る
タムマイ	ทำไม	なぜ
タムンガーン	ทำงาน	働く・仕事をする
タラート	ตลาด	市場
タラート・ナーム	ตลาดน้ำ	水上マーケット
タラート ナット・ジャトゥジャック	ตลาดนัดจตุจักร	チャトチャック市場
タン(ク) ジャイ	ตั้งใจ	一生懸命する
チートヤー	ฉีดยา	注射する
チェンガン	เช่น กัน	同様に・こちらこそ、互いに
チェン(ク) マイ	เชียงใหม่	チェンマイ
チャー	ชา	お茶
チャー	ช้า	ゆっくり・遅い・遅く
チャーン(ク)	ช้าง	象
チャイ	ใช้	使う
チャン	ฉัน	私
チュアン	ชวน	誘う
チュアン(ク)	ช่วง	～時・期間

チュイチューイ	เฉยๆ	単に（口語）
チュー	ชื่อ	名前・〜と呼ぶ
チョーク	โชค	運
チョープ	ชอบ	好む
チョーン	ช้อน	スプーン
チン	ชิ้น	類別詞（菓子・肉）
ティー	ที่	〜で・に、〜して
ディー	ดี	良い
ティーウィー	ทีวี	テレビ
ティーナイ	ที่ไหน	どこ
ティーナン	ที่นั่น	そこ
ティーニー	ที่นี่	ここ
ティーノーン	ที่โน่น	あそこ
テー	แต่	しかし
テーオニー	แถวนี้	この辺
デーン（グ）	แดง	赤い・赤
テン（グ）ンガーン	แต่งงาน	結婚する
ドゥ	ดุ	叱る
トゥア	ตัว	類別詞（体・衣服）
トゥア	ตั๋ว	切符
ドゥアイ	ด้วย	一緒に
トゥア・クルアン（グ）ビン
	ตั๋วเครื่องบิน	航空券
トゥア パイ〜	ตั๋วไป	〜行きの切符
ドゥー	ดู	見る
トゥーン	ตื่น	起きる
ドゥーン	เดิน	歩く
トゥッカター	ตุ๊กตา	ぬいぐるみ・人形
ドゥック	ดึก	（夜）遅く
トゥリアン	ทุเรียน	ドリアン
トーンチャーオ	ตอนเช้า	朝
トーンニー	ตอนนี้	現在・今
トッ	โต๊ะ	机

トック	ตก	落ちる・降る
トム	ต้ม	茹でる
トムヤムクン（グ）	ต้มยำกุ้ง	トムヤムクン
ナ	นะ	ね（文末）
ナー	หน้า	顔・前・正面、季節
ナーオ	หนาว	寒い
ナーティー	นาที	分
ナーム	น้ำ	水
ナーム・プラオ	น้ำเปล่า	飲料水
ナームプローン	น้ำพุร้อน	温泉
ナーン	นาน	長い間
ナイ	ใน	〜の中
ナイ	ไหน	どこ
ナック・スクサー	นักศึกษา	大学生
ナック・トゥラキット	นักธุรกิจ	ビジネスマン
ナット	นัด	（会う）約束、（会う） 約束をする
ナン	นั่น	それ
ナン	นั่น	その
ナン（グ）	นั่ง	座る
ナン（グ）	หนัง	映画
ナン（グ）〜パイ	นั่ง 〜 ไป	〜で行く
ナン（グ）スー	หนังสือ	本
ニー	นี่	これ
ニー	นี้	この
ネージャイ	แน่ใจ	確かな
ネーノーン	แน่นอน	もちろん
ノイ	หน่อย	少し・ちょっと
ノーン	โน่น	あれ
ノーン	โน้น	あの
ノーン	นอน	寝る
ノーン（グ）チャーイ	น้องชาย	弟
ハー	หา	探す

パー	ผ้า	布	ファン(ク)	ฟัง	聞く
パー～パイ	พา～ไป	～を連れて行く	プーイン(ク)	ผู้หญิง	女性
パーク・タイ	ภาคใต้	南部	プーケット	ภูเก็ต	プーケット
パーサー	ภาษา	言語	プート	พูด	話す
パーサー・イープン	ภาษาญี่ปุ่น	日本語	プーン	ผืน	類別詞（布）
パーサー・タイ	ภาษาไทย	タイ語	フェーン	แฟน	恋人
バート	บาท	バーツ	フォン	ฝน	雨
バーン	บ้าน	家	プラーディップ	ปลาดิบ	刺身
ハーン(ク)	ห้าง	デパート（口語）	プラッ・ノーン	พระนอน	涅槃仏
ハイ	ให้	あげる・与える、～のために	プラマーン	ประมาณ	約
パイ	ไป	行く、～過ぎる	プルン(ク) ニー	พรุ่งนี้	明日
パイ スー コン(ク)	ไป ซื้อ ของ	買い物へ行く	プレー	แปล	訳す
パイ ティアオ	ไปเที่ยว	旅行に行く・遊びに行く	プロッワー	เพราะว่า	なぜなら～
パイ ハー～	ไป หา	～を訪ねる	ペーン(ク)	แพง	（値段が）高い
パイ ラップ～	ไป รับ	～を迎えに行く	ペット	เผ็ด	辛い(から)・辛いもの
パクチー	ผักชี	パクチー	ヘン	เห็น	見る
パッ	ป๊ะ	「さあ行こう！」	ペン フアン(ク)	เป็น ห่วง	心配する
パッカー	ปากกา	ペン	ボイ	บ่อย	頻繁に・よく
パヤーバーン	พยาบาล	看護師	ポー	พ่อ	父
ハンロー	ฮัลโหล	もしもし	ホーム	หอม	香りが良い
ピー	ผี	幽霊・精霊・お化け	ポーム	ผอม	痩せている
ピー	ปี	年・～歳	ホーン(ク)	ห้อง	部屋
ピーゴーン	ปีก่อน	去年	ホーン(ク) ナーム	ห้องน้ำ	トイレ
ピーサーオ	พี่สาว	姉	ポップ	พบ	会う
ピーチャーイ	พี่ชาย	兄	ポム	ผม	僕
ピー ナー	ปีหน้า	来年	ボリサット	บริษัท	会社
ピーノーン(ク)	พี่น้อง	兄弟姉妹	マー	มา	来る
ヒウ	หิว	お腹が空く	マーイ	ไม้	類別詞（棒状のもの）
ブア	เบื่อ	退屈する・飽きる	マーク	มาก	とても
ファー	ฟ้า	空（そら）	マー ティアオ	มา เที่ยว	遊びに来る・旅行で来る
プアン	เพื่อน	友達	マー トゥン(ク)	มา ถึง	到着する
			マイ	ใหม่	新しい

マイ チャイ	ไม่ใช่	そうではない・違う
マイ〜ルーイ	ไม่เลย	まったく〜ない
マハーウィタヤーライ	มหาวิทยาลัย	大学
マムアン(グ)	มะม่วง	マンゴー
ムアイタイ	มวยไทย	ムエタイ
ムアクーン	เมื่อคืน	昨晩
ムアゴーン	เมื่อก่อน	以前
ムアチャーオ	เมื่อเช้า	今朝
ムアライ	เมื่อไร	いつ
ムアワーン	เมื่อวาน	昨日
ムアン(グ)ガオ	เมือง เก่า	古都
ムアン(グ)タイ	เมืองไทย	タイ
ムー	หมู	豚
ムートゥー	มือถือ	携帯電話
ムー・ピン(グ)	หมูปิ้ง	串焼き豚
メー	แม่	母
メーヌー	เมนู	メニュー
メン	เหม็น	臭い
モー	หมอ	医師
ヤーク	ยาก	難しい
ヤーン(グ)ライ	อย่างไร	どのように
ヤン(グ)ンガイ	ยังไง	どのように
ユン(グ)	ยุง	蚊
ラ	ล่ะ	「〜は？」
ラ	ละ	〜につき
ラーン	ร้าน	店
ラーン・アーハーン	ร้านอาหาร	レストラン
ラック	รัก	愛する
ラップ	รับ	受け取る
リアップローイ	เรียบร้อย	礼儀正しい
リンチー	ลิ้นจี่	ライチ
ルアック	เลือก	選ぶ
ルー	รู้	知る
ルーク	ลูก	子ども
ルーチャック	รู้จัก	知る・知り合う
ルーム	เริ่ม	始まる・始める
ルーム	ลืม	忘れる
ルー ルアン(グ)	รู้ เรื่อง	（内容が）分かる・理解する
レーオテー〜	แล้วแต่	〜次第
レオ	เร็ว	早い・早く、速い・速く
レッ	และ	〜と・そして
レム	เล่ม	類別詞（本）
レン	เล่น	遊ぶ
レン ナーム	เล่น น้ำ	水遊びをする・水かけをする
ロー	รอ	待つ
ローイ	ลอย	流す
ローン(グ)ターオ	รองเท้า	靴
ローン(グ)リアン	โรงเรียน	学校
ロット	รถ	車
ロットメー	รถเมล์	バス
ロム	ร่ม	傘
ワーサービ	วาซาบิ	わさび
ワーテー	ว่าแต่	ところで
ワーン	หวาน	甘い
ワーン(グ)	ว่าง	空く・空き
ワン	วัน	日
ワン アライ	วัน อะไร	何曜日
ワングート	วันเกิด	誕生日
ワン ナイ	วัน ไหน	どの日
ワンニー	วันนี้	今日
ワン・ローイクラトン(グ)	วันลอยกระทง	ローイクラトンの日
ンガーン	งาน	仕事・イベント
ングン	เงิน	お金

著者紹介

岡本麻里（おかもと　まり）

　ライター。英国の大学を卒業後、東南アジア諸国を旅する。1999 年タイのチェンマイ大学へ語学留学し、そのまま移住。タイの文化や食、行事、暮らしなどに関する記事をチェンマイから発信している。著書に『タイの屋台図鑑』『たっぷりチェンマイ！』（以上、情報センター出版局）『北タイごはんと古都あるき　チェンマイへ』（イカロス出版）などがある。

http://www.kuidaore-thai.com

今日からタイ語！［新版］

2023 年 6 月 15 日 第 1 刷発行
2024 年 3 月 5 日 第 2 刷発行

著　者 ©　　岡　本　麻　里
発行者　　　岩　堀　雅　己
印刷所　　　株式会社三秀舎

発行所　101-0052 東京都千代田区神田小川町 3 の 24
　　　　電話 03-3291-7811（営業部），7821（編集部）
　　　　www.hakusuisha.co.jp
　　　　　　　　　　　　　　　　　　　株式会社　白水社
乱丁・落丁本は送料小社負担にてお取り替えいたします。

振替 00190-5-33228　　　　Printed in Japan　　　　加瀬製本

ISBN978-4-560-08976-7